给孩子读的中国先贤故事

李时珍

子默 著

远方出版社
·呼和浩特·

图书在版编目（CIP）数据

李时珍 / 子默著. -- 呼和浩特：远方出版社，2024.9. --（给孩子读的中国先贤故事）. -- ISBN 978-7-5555-2003-0

Ⅰ. K826.2-49

中国国家版本馆CIP数据核字第2024EA1161号

李时珍

LI SHIZHEN

著　　者	子　默
责任编辑	于丽慧
封面设计	VIOLET Q1152979738
版式设计	曹　驰
出版发行	远方出版社
社　　址	呼和浩特市乌兰察布东路666号　邮编010010
电　　话	（0471）2236473总编室　2236460发行部
经　　销	新华书店
印　　刷	天津中印联印务有限公司
开　　本	880毫米×1230毫米　1/32
字　　数	114千
印　　张	6.5
版　　次	2024年9月第1版
印　　次	2025年1月第1次印刷
印　　数	1—5000册
标准书号	ISBN 978-7-5555-2003-0
定　　价	42.00元

如发现印装质量问题，请与出版社联系调换

出版说明

在这个瞬息万变的时代，我们享受着前所未有的便捷生活，却也不得不直面接踵而至的挑战与困难。世界仿佛一张错综复杂的大网，令人眼花缭乱。然而，无论时代如何变迁，每个人都无法回避一个根本问题：如何在有限的时空里，让生命绽放出有意义的光彩？对于青少年而言，正确认识这个问题并给出准确的答案显得尤为迫切，他们的人生刚刚起航，充满了无限可能，却也常常在迷茫与困惑中徘徊。

青少年时期，是塑造世界观、人生观和价值观的关键时期，每一次新的经历都如同为未来埋下的一粒种子，看似微不足道，却可能在岁月的滋养下成长为参天大树，也可能因土地贫瘠、养分不足而艰难成长。因此，为青少年提供怎样的精神养料绝非小事，它不仅关乎青少年的未来，更关乎国家和民族的命运，诚如梁启超先生所言："少年智则国智……少年强则国强……”

当我们回溯五千多年的中华文明，不禁为其所蕴含的丰富宝藏而惊叹，那些闪耀着智慧光芒的中国先贤，宛如夜空中最璀璨的星辰，穿越时空的重重阻隔，为后人传递着无穷无尽的智慧与力量。

孔子，这位伟大的思想家、教育家，一生周游列国，四处奔走，试图推行自己的政治主张，却屡屡受挫。然而，他始终秉持“知其不可而为之”的坚定信念，从不退缩。晚年，他呕心沥血，整理诗书，为中华民族留下了一部部皇皇巨著，成为后人取之不尽、用之不竭的文化源泉。孔子的一生是执着追求理想的一生，他的坚韧与担当为后人树立了光辉的榜样。

霍去病，凭借卓越的军事才能和非凡的勇气，年仅十八岁便踏上抗击匈奴的征程，纵横沙场，连战连捷，立下赫赫战功。

李白，以浪漫飘逸的诗风，傲然屹立于中国文学的巅峰。他自信豪迈，“仰天大笑出门去，我辈岂是蓬蒿人”，尽显他对自身才华的高度自信；他不拘小节，“天子呼来不上船，自称臣是酒中仙”，表现出他对权贵的不屑与傲视。

尽管仕途坎坷，但他始终坚守自我，以清新畅快的诗句描绘出一个奇幻瑰丽的文学世界，让后人领略到他那自由奔放的思想魅力。

除了孔子、霍去病、李白，中华历史长河中还有无数震古烁今的先贤：抱朴守真的老子，以其深邃的哲学思想为后人揭示了宇宙与人生的奥义；乐观旷达的苏轼，无论身处何种困境，始终保持豁达的心态，留下了一篇篇脍炙人口的佳作；千古才女李清照，以细腻的情感、卓越的才华在男性主导的文学世界中独树一帜。此外，商鞅、张衡、张仲景、李时珍、张居正、徐霞客等先贤，在各自的领域都取得了非凡的成就，为中华文明的发展作出了很大贡献。

这些先贤的人生轨迹各不相同，但是他们在人生的道路上都经历过坎坷与坦途、机遇与挑战、得意与失意。他们的故事，就像一面镜子，映照出我们每一个人的生活。

当代学者戴锦华说过：“经由电影荧幕，望向他者。”这种对“他者”的关注，最终会引导我们回归自身，思考人生的意义。先贤们各具特色的个性、品质、才华和志向，为青少年提供了一个个参照系，让他们从中寻找“历史中的我”，进而思考“当下的我”。通过学习先贤的经验，青少年能够更好地规划自己的人生道路，这就是榜样的力量，也是历史传承的意义所在。孔子因崇敬周公，致力于推广周礼，著书立说，开创了儒家学派；司马迁因敬仰孔子，发愤图强，完成了被誉为“史家之绝唱，无韵之《离骚》”的《史记》。

“高山仰止，景行行止。”我们深信，中国先贤的故事和精神，将成为青少年成长道路上的宝贵财富。为了将中国先贤的形象更加鲜活地呈现在青少年面前，我们精心策划了这套“给孩子读的中国先贤故事”丛书。在编写过程中，我们始终坚持真实、有趣的原则，多方搜集资料，深入考证史实，力求还原先贤的真实面貌。同时，我们对语言文字进行了反复打磨、润色，使故事生动有趣，易于青少年理解和接受。

希望青少年朋友们通过阅读本丛书，以中国先贤为楷模，从他们的故事中汲取智慧与力量，在人生的道路上勇往直前，为实现中华民族伟大复兴的中国梦挥洒青春热血，用奋斗的汗水浇灌梦想之花！

尝遍百草的药圣

提到《本草纲目》，可以说是无人不知，无人不晓。而它的作者李时珍，作为一名伟大的医学家，他不辞辛苦治病救人、跋山涉水遍尝百草、呕心沥血著述医书的精神值得我们每一个人学习。

李时珍出身医学世家，自 14 岁那年一举考中秀才后，9 年间，他连续 3 次到武昌参加朝廷举办的举人考试，均名落孙山，这使他备受打击。李时珍意识到通过科举考试做官这条路并不适合自己，于是果断放弃科考，继承父业，专心学医，从此踏上了行医之路。

李时珍聪明好学并富有实践精神，白天跟着父亲出诊、采药，晚上看书、制药，常常工作至深夜。经过长期自学和父亲手把手的教导，他渐渐成长起来，开始独当一面，坐诊行医，医术也不断提高。

由于蕲州地区灾害不断，为了养家糊口，李时珍只身来到湖口行医。医术高明的他，被人们誉为“神医”，经常被一些王侯、官员请去看诊。在接连治好了蕲州富顺王世子和武昌楚王世子的顽疾后，他被楚王聘为王府的奉祠正，在楚王府里读了很多医学典籍。其间，他发现古代医书中有很多缺点和错误，比如药名混乱、药性不准、药理注释不明或说明存在谬误等，由此产生了重修本草书的念头。

不久，朝廷向各地征集名医，楚王便将李时珍推荐到京城太医院任职。但是太医院的医官们每天想着如何研究仙丹灵药以献媚讨好皇帝，整个太医院中弥漫着一股炼丹求仙的气息，这使李时珍深感失望。于是他托病请辞，离开太医院返回家乡。此后，他全身心投入重修本草书的工作中，开始远涉深山旷野，采集药草，收集药物标本，搜求民间验方，足迹遍及湖北、湖南、江西、江苏、安徽、河南、河北等地，拜渔人、樵夫、农民、车夫、药工和捕蛇者为师，向他们虚心请教药物知识，为编写《本草纲目》积累了大量的第一手资料。

外出采药归来后，李时珍开始夜以继日、废寝忘食地编写《本草纲目》。经过无数个日日夜夜的辛勤写作、反复修改，万历六年（1578 年）李时珍终于迎来了收获的季节——《本草纲目》完稿。全书约190万字，分52卷，综合了植物学、动物学、矿物学、化学、天文学、气象学等许多领域的科学知识，不管是中药基本理论还是收录的药物种类，都超过了过去任何一部本草学著作。为了让这部饱含自己心血的医药巨著能够刻印出版，他又开始四处奔波，联络书商洽谈出版事宜。虽然屡遭拒绝，但他没有气馁，而是继续为刻书一事奔波不休，直到12年后，终于有一位南京的书商愿意帮助他出钱刻印《本草纲目》。

遗憾的是，李时珍没有等到《本草纲目》出版的那一天，直到他逝世后第三年《本草纲目》才得以顺利刻印出版。《本草纲目》出版后不久，在社会上引起了轰动，一时间洛阳纸贵，人们争相阅读，竞相购买。随着时间的推移，《本草纲目》越来越显示出它巨大的医学价值，成为中国医药学宝库中一颗璀璨的明珠，一度被誉为“东方医药巨典”“中国古代百科全书”，并逐渐传播至世界各地。由于在医药学方面作出的巨大贡献，李时珍被后人尊奉为“药圣”“医中之圣”。

“千里之行，始于足下。”正是源于坚定的人生信念、坚持不懈的努力，李时珍一步一个脚印，最终获得了成功，攀上了医学高峰。他体恤苍生、济世救民的博大胸怀，不慕名利、洁身自好的高尚品德，严谨认真、实事求是的治学态度，勤于思考、勇于创新的探索精神，都将永远被后人铭记，感染、激励着一代又一代人！

目录

第一章

寒窗苦读，科考受挫

李时珍出生在一个医学世家，从小就对医学产生了浓厚的兴趣。但是因为当时医生社会地位低下，他的父亲希望他能够通过科举考试博取功名，改变家族的命运。然而，自 14 岁那年一举考中秀才后，李时珍一连三次参加乡试都名落孙山，失望之余，他萌生了弃绝科考、悬壶济世、治病救人的想法。

诞生的美丽传说

在长江中下游北岸，坐落着一个偏僻的小镇——蕲州（今湖北省蕲春县蕲州镇）。此地山清水秀，风景绮丽，浩荡弯曲的长江像一条轻盈飘逸的玉带穿过蕲州，然后缓缓向东流去。在蕲州的西北方，巍然屹立着桐柏山和大别山，它们如同两扇巨大的天然屏风，护卫着蕲州，阻挡了来自西北方的狂风、寒流，为蕲州人民营造了一个温暖舒适的理想住所。

自古以来，蕲州被人们誉为"山环水抱"的风水宝地，吸引着众多文人墨客前来游览观光。唐代两位大诗人李白、杜甫都曾云游至此，清代时有个名叫程道中的蕲州文人还特地写诗记述此事："凤凰台下路，一径绕孤城。李杜曾至此，青山纪为名。"

到了明代，荆王朱瞻堈徙藩至此，对蕲州城进行了一番改造。前后历经10代荆王的建设，蕲州逐渐成为湖北东部地区的政治、军事、经济、文化中心。

在蕲州东门外，有一个叫瓦屑坝的村庄。因为位于雨湖和莲花湖的交界处，附近百姓经常遭受湖水上涨引发的洪灾，所以从明代起，为了阻拦湖水上涨，当地官员组织民众沿湖筑起了堤坝，瓦屑坝村由此得名。在瓦屑坝村的东边有大泉山、龙盘山、平顶山等几座高山，山上除了花草、树木、竹林之外，还生长着各种各样的野生药材。

明正德十三年农历五月二十六日（1518 年 7 月 3 日），在瓦屑坝村密林中的一户茅舍里，一个男孩呱呱坠地。这个小男孩是李言闻夫妇的第二个孩子，夫妻俩对于这个小生命的到来十分欣喜。

这个小男孩就是李时珍。关于李时珍的出生，还有一个美丽的传说。据说，他出生那天，他的父亲李言闻天还没亮就拿上渔网、鱼篓，去雨湖捕鱼，打算炖鱼汤给夫人补补身子。

李言闻一连下了好几次网，但都一无所获。眼看已经日上三竿，他心里记挂着即将临产的妻子，打算下完最后一次网就打道回府——不论能否捕到鱼。结果，这一网下去，他收网的时候感到网沉甸甸的，不由大喜，心想这次肯定捕到了不少鱼。不料，拉上网来一看，网里一条鱼也没有，只有一块白玉石。

李言闻大失所望，从网中抖出玉石，想要将它扔回湖中。突然，玉石开口道：“月池呀月池，我是前来贺喜非掺乱，先生得子在今天，贵子出世时运转，千难万难无阻拦，若想补养贵夫人，只待末网鱼满船。”玉石说完，便消失在湖中了。

李言闻诧愕，好半天才回过神来。他想起玉石说的最后一句话，决定试一试，于是，他又下了一次网，果然，这一次他收获了满满一鱼篓的鱼。

李言闻兴高采烈地背着鱼篓回到家中。这时，稳婆已经来了，正准备为李言闻的夫人接生。

李言闻跟夫人、稳婆打过招呼，便忙着杀鱼、炖鱼汤、做饭。一阵忙碌过后，他终于有空坐下来休息一下。坐着坐着，累了一上午的李言闻不知不觉打起了盹，还做了一个梦。他梦见家中院子的东南角长出了几株紫色的灵芝，一只白色的小鹿嘴含一株灵芝快速穿过院子，朝他夫人的卧室奔去。接着，仙人铁拐李飘然而至，向他道喜：“时珍时珍，百病能诊。做我高徒，传我医名。”

就在这时，屋内传来一阵微弱的哭声——孩子出生了！李言闻顿时惊醒了。不一会儿，稳婆喜气洋洋地走过来向他道喜："恭喜李先生，是个公子啊！"

李言闻谢过稳婆，快步走进房内，只见襁褓中的孩子虽然有些瘦小，但天庭饱满、眼神清澈，他越看越喜欢，脸上忍不住露出笑意。夫人见了，就对他说："夫君，给孩子取个名字吧。"

李言闻脑中灵光一闪，突然想起捕鱼时打捞上来的那块白玉石，便跟妻子大概讲述了当时的情况，然后说："叫石珍怎么样？"

妻子想了想，说："我看这个玉石的'石'，可以改用时辰的'时'，叫时珍。你看如何？"

李言闻听了，连声赞道："好，好，这个名字好啊！时珍时珍，时来运转，极为珍贵。这个孩子一定会给咱家带来好运气的。"

在父母的关爱下，这个瘦小、体弱的孩子渐渐长大，表现得聪明伶俐，全家人都很喜欢他。

医学世家的熏陶

李时珍的出生地蕲州，气候湿润，物产丰富，是山花树草的海洋、珍禽异兽的乐园、鱼虫蛇蝎的家乡。这里所产的艾、竹、龟、蛇，远近闻名，有“蕲州四宝”之称，在历史上还被作为贡品送至皇宫，供皇帝、皇后及皇室成员享用。所谓“过了九江，蕲艾不香”，在当时全国所产的艾中，只有蕲州的艾才能被列为贡品。

蕲州还有一个特别之处，就是盛产各种药物，是名副其实的药物王国。李时珍在《本草纲目》中记载的 1892 种药物，在这里就可以找到 1000 余种，可见蕲州的药物是何等的丰富。

俗话说“靠山吃山，靠水吃水”，这里的人也不例外。自古以来，蕲州百姓就种药、采药、制药、卖药，“是人皆懂医，指草皆为药”“千门万户悬菖艾，出城十里闻药香”，成为这里独特的文化现象。到宋代时，蕲州已经发展成为长江中游一带的药材贸易集散中心。

身处这样的环境，李家很自然地成了医药世家。李时珍的祖父和父亲都是蕲州一带很有名气的铃医（也称“走乡医”“串医”“走乡药郎”），常年背着药箱，摇着串铃，到各个村庄给人看病。

当时，铃医行医时所收的费用很低，加上李言闻心地善良，给穷苦人家看病后，经常不忍心收钱，因此他靠行医所挣的钱非常有限，甚至不够填饱肚子。有时，他在外面跑了一整天，还得饥肠辘辘地回家。

李时珍的母亲张氏是个贤妻良母，在家耕作，打理家务，闲时还纺纱织布，挣点钱补贴家用。她对夫君的善举十分支持，毫无怨言。因此，尽管张氏勤俭持家，但是李家的生活并不富裕。李时珍出生的时候，蕲州一带正在闹灾荒，全家人勉强维持温饱。

尽管家境清贫，但李时珍的童年是很快乐的。蕲州山清水秀，山脚下、沼泽地里、原野中，植被浓密，花草丛生，其中有很多珍贵的中药材。李时珍热爱家乡的一草一木、山山水水，经常和小伙伴们到附近的山上、河边玩耍，捉知了、捕蜻蜓、逮蝈蝈、采摘野花野果，尽情地陶醉在大自然的怀抱中。

李时珍还经常到离家不远的雨湖边玩耍，时间一长，他就和渔民们混熟了。有时，他也跟着渔民乘船到湖中去打鱼。他力气小，不能划桨，就帮忙给渔民递工具、收鱼篓。渐渐地，他从渔民那里学到了很多关于水鸟的知识，认识了很多美丽的水鸟，如鸬鹚、翠鸟、鹈鹕、白鹳等。

有时，李时珍还帮助樵夫、农民干活，从他们口中了解到开舌状黄花的叫“蒲公英”，开白色伞状小花的叫“土茯苓”，开紫色球形小花的叫“千日红”，开五瓣紫花的叫“地西”……

当时，李言闻为了对比各种药物的药性、药理，在院子里种了一些药草，屋内的药橱里也放着散发香味的各种药草标本。有时外出采药，李言闻也会带上李时珍，教他辨别各种药草。因此，李时珍了解到很多药草的名字、外形、植株特点等，关于药草的知识也渐渐丰富起来，从此他对那些奇花异草产生了浓厚的兴趣。再大一些后，李时珍和哥哥经常去帮父亲采集药草，好胜心强的他，总是想更快地找到更多的药草，赢过哥哥。

李言闻见儿子对花草虫鱼非常感兴趣，便找来《尔雅·释鸟》《尔雅·释兽》等含有自然知识的书籍，让他阅读。李时珍认认真真地将这些书籍从头到尾都读了一遍。书中的有些内容，他甚至可以背诵。

李时珍还经常向小伙伴们传授相关的知识。小伙伴们遇到不认识的花草，比如败酱草、水浮莲、紫花地丁、艾草等，便向李时珍请教，李时珍每次都能准确无误地说出花草的名称。他还告诉小伙伴们，哪些花草能入药，主治什么疾病。

对于那些飞禽走兽，李时珍也能一一叫出它们的名字。小伙伴们见他知识渊博，都很佩服、崇拜他。

十四岁的小秀才

在封建时代，受儒家思想的影响，人们认为“修身、齐家、治国、平天下”是人生的最高目标，读书做官是人生的唯一正途，而先进的科学知识、技术则被视为左道旁门、奇技淫巧、小术小技。医生作为一种职业，也与耕田、种菜、捕鱼等劳动性质的职业一样，不被人们重视，甚至受到人们的歧视。

当时，医生的社会地位非常低下，人们常将他们与算命、卜卦的人相提并论，有时还遭到官僚、贵族、豪绅们的欺压，被当做仆役一般呼来唤去。

这种现象在明代更加严重，当时朝廷还规定行医的人不能改行。这种轻视医生的社会风气，使李言闻产生了靠读书来改变自己和家庭命运的想法。他苦读“四书”“五经”，决心走出一条“学而优则仕”的路子来。无奈造化弄人，他考上秀才后，一直没能再次中举，最后不得不放弃科考，随父从医。

虽然科场失意，但是李言闻凭借其秀才身份、学识以及精湛的医术，在老百姓中有着良好的口碑，也颇受当地权贵的欣赏。经过多年的努力和积累，李家的生活有了一定的改善。然而，没有考取功名一直是李言闻内心的一大遗憾。当时蕲州城里有顾、郝、冯、李四大家族，都是靠科举考试出人头地的。李言闻每次出入这些有权有势的人家时，心里都不是滋味，感到很苦恼。

更让他苦恼的是来自潘家的欺压。这户姓潘的人家，祖辈和李家有过交情。那时双方各有一子，一同拜师学医，但后来因为李家之子忠厚老实，而潘家之子势利奸诈，两人脾气不合，渐渐断绝了来往。后来，一个做药材生意的富商在潘家猝死。潘家强占了富商的财富，一夜暴富，此后弃医从商，开了医药铺和绸缎铺。

到李言闻这一代时，潘家的继承人叫潘庆，仗着自家的财势与官府相互勾结，横行乡里。李言闻因为经常免费为穷人看病，受过他恩惠的人就特地定制了一块匾额送给他，以示感激之情。潘庆听说后，嫉妒得五官都扭曲了。他本来就对李言闻很不满，因为李言闻给人看病总是用他自己采来的草药，这样一来，他的药铺生意就受到了影响。

潘庆决定好好教训一下李言闻。他叫来几个身强力壮的仆人，向他们如此这般耳语一番。几个仆人气势汹汹地找上李家，大吵大闹地说："你的草药是我家地里长的，你擅自采挖，真是岂有此理！"

李言闻还没来得及辩解，他们便动手打砸起来。由于对方人多势众，李言闻只得眼睁睁地看着他们把自己的药箱、匾额给砸烂了，却敢怒不敢言，为此他气得大病了一场。

这件事也使李言闻意识到，当铃医没有地位，更没有前途。所以，他不想让儿子以后也像自己这样以行医为生，一是学医太苦，二是社会地位低下。他认为儿子们应该通过科考走上仕途，这样李家才有翻身的希望，不必再看人眼色，受人欺负。但是，长子李果珍从小就没有读书的天分，这让李言闻一度心灰意冷。

李时珍出生后，李言闻又把希望寄托在这个儿子身上。李时珍一岁抓周的时候，李言闻在桌上摆了笔砚、算盘、秤、木刀、书、摇铃等物品，李时珍的小手在这些物品上摸来摸去，最后选择了那本书。李言闻十分高兴，遇人就说："李家终于有个读书的种子了。”

李时珍也没有辜负父亲的期望，从小聪明过人，两三岁就能背诵唐诗。到四五岁时，他的小脑袋里开始有了“十万个为什么”，经常问大人一些奇怪的问题。李言闻见儿子如此勤思好问，心里十分欢喜，也常常提出各种问题来启发儿子思考。

嘉靖二年（1523 年），李时珍 6 岁了，已经到了入学的年龄。李言闻将他送进私塾，让他读“四书”“五经”，学习八股文。

上私塾的第一天，老先生问李时珍：“你叫什么名字？”

李时珍声音响亮地回答：“先生，我姓李，名时珍，字东璧。”

老先生又问：“谁给你取的名和字啊？”

李时珍想了想，说：“吾父。”

老先生笑着说：“怎么还用起文词了？”

李时珍一脸认真地说：“因为儿子不能随便说出父亲的名字，否则就是不孝。”这是来私塾前父亲教他的话，他牢牢地记在了心里。

老先生一脸赞许，认为这个孩子聪明懂礼，以后一定会有出息，成为国家栋梁之才。

为了让李时珍能够专心读八股文，李言闻把家里跟医药相关的书籍都收了起来，免得他分心。李时珍也明白父亲的良苦用心。在学习上，他刻苦努力。在私塾学习了几年后，他不仅能写得一手好字，还学会了写诗、作文、作对联。

嘉靖十年（1531 年），李时珍在父亲的陪同下，由蕲春知州周训带队，到黄州府（治所在今湖北省黄冈市黄州区）参加童试。

童试是科举时代的入门考试，参加童试的人被称为“童生”。但这个“童”并不是指“儿童”，它与年龄无关，不管是 5 岁还是 50 岁的考生，只要还处于童试阶段，都属于童生。参加童试，是为了获得秀才资格，这样才能参加后续的考试。

童试需要考两个科目，各写一篇文章，一篇是八股文，另一篇是试帖诗。八股文要根据“四书”“五经”取题，内容必须用古人的语气，不允许考生自由发挥。试帖诗是在试卷上给出一段经文的上文，然后让考生将下文补充完整。

李时珍因为平时准备充分，做过很多相关练习，所以考试顺利过关，一举考中了秀才。这一年，他 14 岁。

尽管考中秀才只是通过了科举路上的第一道关口，算不得什么，但当时也有很多读书人直到三四十岁还没有考中秀才，所以李时珍 14 岁就考中了秀才，是很了不起的。

李时珍考中秀才的消息很快在瓦屑坝传开了，乡亲们纷纷夸赞李家出了个神童，将来一定能够金榜题名。李言闻十分高兴，心想李家更换门庭、光耀祖宗的大任可以由这个儿子来完成了。他连忙吩咐夫人杀鸡宰鱼，做了一顿美味大餐，全家人好好庆祝了一番。

吃饭的时候，李言闻对李时珍说："你这次考中秀才，可喜可贺，不过千万不能骄傲自满，前面的路还长着呢！你不仅要考中秀才，还要考中举人，考中进士，到那时，咱们李家就真的时来运转了。"

"父亲，请您放心，儿子一定好好念书！"李时珍刚考中秀才，对自己也充满了信心，"将来要是做了官，我一定要做个好官，造福百姓。"

"好儿子！"李言闻欣慰地看着儿子，脸上露出了满意的笑容。

这以后，李时珍更加努力读书了，准备参加 3 年后的乡试。周围人的称赞，也使他仿佛看到了自己辉煌灿烂的前途，他对未来充满了憧憬。

第一次乡试落榜

嘉靖十三年（1534年），是大比（指乡试）之年，湖北省城武昌将举行三年一度的乡试。在继续苦读一年后，李时珍踏上了前往武昌的道路，去参加乡试。

这是他头一回出远门，临行前，母亲一边为他收拾行李，准备考试用具，一边嘱咐他要注意身体，好好照顾自己。因为李时珍从小身体就不是很好，不仅身体消瘦、体质虚弱，而且眼睛每年都会出现问题，看东西不清楚，用了很多药都没有治好。这些年，他为了参加科举考试勤奋苦读，劳神费力，身体更加虚弱，因此很容易生病。

这次乡试共有3场，第一场考“四书”，第二场考论、判、诏、诰，第三场考经史。李时珍觉得自己发挥得还不错，一定可以高中。到了张榜那天，他兴奋地跑去看榜，可是看了好几遍，都没有找到自己的名字，他的心顿时沉到了谷底。

回家的路上，李时珍想到家里人听到消息后失望的样子，心里更加难过了。一进家门，他还没有开口说话，眼泪便先流了下来。父亲见他这副样子，马上猜到了几分。母亲心疼地说：“时珍，怎么了？坐下来好好说。”

“我没考好。”李时珍一边放下包袱，一边羞愧地说，“3场考试，我都答得挺顺利，我想问题可能出在八股文上。”

原来，李时珍在作八股文时，提出做官就要做像宋朝的包公那样的好官，除暴安良，铲除贪官污吏，为老百姓做事。但是，这些主张显然不符合封建统治者的要求，考官又怎么会认同呢？所以李时珍这次落榜也是情理之中的事情。

李言闻虽然有些失望，但他自己也参加过科举考试，知道科考的艰难，于是安慰儿子道：“没关系，知道问题出在哪里，下次继续努力考好就行了。”

不料，李时珍吞吞吐吐地说：“父亲，我……我不想再考了，我想跟您学医。”

“为什么失败一次就灰心丧气了呢？学医不能让你出人头地，也不能让李家不受人欺负。你就继续努力吧，好好准备下一次的乡试。”李言闻鼓励儿子道。

李时珍含泪点了点头，他想到父母为了支持自己参加考试，节衣缩食，供自己读书学习，如果自己就这样轻易放弃考试，也太对不起他们了。于是，他咬紧牙关，继续苦读。

患重病险些丧命

嘉靖十六年（1537 年）春天，20 岁的李时珍完成了自己的一件人生大事，与一户吴姓人家的长女结婚。婚后的生活甜如蜜，吴氏勤劳能干，贤惠体贴，孝敬公婆，全力操持家务，让李时珍得以心无旁骛地学习。

一个月后，三年一次的乡试又来临了。人逢喜事精神爽，李时珍兴致勃勃地告别新婚妻子和家人，再次奔赴武昌应试。

因为准备得很充分，李时珍答卷时十分顺利，感觉这次自己中榜是十拿九稳的事。然而到了发榜那天，他从头到尾、认认真真地把榜单看了一遍，又没有找到自己的名字。他拖着疲惫的身体走出人群，再次受到沉重的打击。

回到家后，他对父亲说："父亲，我大概不是当官的料，这次又让您失望了。我想我还是学医吧。"

"事在人为，只要不放弃，就有希望。那么多落榜的人都还在坚持，你也应该坚持下去。"李言闻要求儿子继续苦读，准备3年后再考。

李时珍无奈，只得同意。但是，两次参加乡试都没有成功，使他的自信心受到了很大打击。他想到自己从早到晚苦读多年，却一事无成，也没有满足父亲殷切的期盼，心里生起一种负疚之感。加上天生体质虚弱，读书又太过用功和劳累，他得了感冒，咳嗽了几天后，竟诱发了骨蒸病。

骨蒸病，顾名思义就是全身热得跟火烧一样，骨头就像放在蒸笼里蒸着一样。这是一种类似肺结核的病。

因为连续高烧不退，咳嗽不止，每日吐痰碗余，李时珍差点丢了性命。

李言闻用柴胡、麦门冬、竹沥、荆芥等药材做成几副清热润肺、止咳化痰的药，让李时珍服下。但李时珍服用之后，病情不但没有减轻，反而越来越严重。李言闻无奈，只得把方圆百里的名医都请来为李时珍诊治，但他们也束手无策，认为李时珍已经无药可治，生命危在旦夕。李时珍觉得连父亲都治不好自己的病，自己只能等死了。

就这样，李时珍的病一直拖到了夏天，每天寝食难安，坐卧不宁，遭受着疾病的折磨。眼看着李时珍越来越憔悴，他的母亲和夫人天天掉眼泪，衣不解带地照顾他，希望能够出现奇迹。

看着儿子身体一天比一天消瘦，李言闻心中非常焦急，他开始仔细翻阅古代的医学典籍，希望从中能找到治愈儿子疾病的方法。最终，他依据“金元四大家”之一李东垣所说的方法，将一味黄芩重剂煎成汤药，让李时珍服下，结果奇迹真的出现了。次日，李时珍的疾病竟然好转，过了些日子，身体恢复了健康。

黄芩是一味清热燥湿药，具有清热燥湿、泻火解毒等功效，对于燥热烦渴、肺热咳嗽具有良好的疗效，它在救治李时珍的过程中发挥了关键作用。

一味普通的中药黄芩，却治好了李时珍的严重疾病。这让李时珍意识到，药是不分高低贵贱的，而要看药性，医生只有做到对症下药，才能产生药到病除的效果。

死里逃生的李时珍，开始意识到自己学了十几年的八股文不仅枯燥，而且无用，还不如普通的黄芩能够救人性命。后来在编写《本草纲目》时，他对救了自己一命的黄芩这味中药备加推崇，称赞它说：“药中肯綮（筋骨结合处，指要害、关键处），如鼓应桴，医中之妙，有如此哉！”

经历此次事件，使李时珍从事医学的意愿更加强烈了。

三试不第欲从医

为了继续参加乡试，李时珍在病情稍微好转之后，又马上投入学习之中，准备参加第三次乡试。他将“四书”“五经”背得滚瓜烂熟，一遍遍地研究 3 场考试的内容，对可能遇到的议论题和八股文提前进行练习。

嘉靖十九年（1540 年），李时珍满怀期望，第三次赶赴武昌参加乡试。但是，天不遂人愿，他又落榜了。此时，距他考中秀才已经过去了 9 年，人生的大好时光都消耗在了这场无望的科举考试之中。他有些厌倦了，知道父亲一定会让自己继续努力，可是他实在不愿再考了。

从武昌回到瓦屑坝村时，他路过潘家药铺，正好遇到潘庆一只手提着鸟笼，另一只手拿着文明棍，迎面走来。李时珍对潘庆一向没有好感，所以没有理会他。

潘庆见李时珍一副无精打采的模样，心中暗喜，开口奚落道：“李秀才，看你这垂头丧气的样子，是不是乡试又没考好啊？我听说武昌城里有个老头，50 岁时终于考中了举人，你这么年轻，还是很有希望的。”

李时珍听了潘庆的话，不由得怒从心头起，很想痛骂潘庆一顿。但他马上又想起了父亲以前的叮嘱：“君子不与牛治气。”于是，他又把到嘴的话咽了回去。但是，他不愿让潘庆看低了自己，便强打起精神，昂首挺胸，目不斜视地从潘庆身边走了过去，嘴里还拉长了声音说道：“燕雀——安知——鸿鹄之志——”

潘庆本想口头上占个便宜，没想到却被李时珍顶了回来，一时说不出话来，只是干瞪着眼，气恼地望着李时珍渐渐远去。

回到家中，李时珍难过地将自己落榜的消息告诉家里人，并对他们说：“我已经落榜 3 次了，还要不要参加第四次乡试呢？”

李言闻把大家都叫到一起来商量。他自己还是希望李时珍继续考下去，于是最先开口说道：“我相信，胜利就在眼前，时珍如果再考一次，一定能行。”

母亲张氏想到又要再熬 3 年，家中很是艰难，一方面她和丈夫支撑这个家很辛苦，另一方面备考对儿子的心理也是一种折磨，心中不同意儿子再考。但是她心疼儿子，不愿打击儿子的自信心，让儿子伤心，于是说道："如果时珍愿意去考，那就再试一次。"

李时珍低下了头，沉默不语。其实他 3 次乡试不中并非偶然，崇尚真理、追求科学的他，不愿意写那种迎合上层统治者的文章，他心里想的都是如何帮助老百姓，缓解他们的苦楚。这与统治者的意图是背道而驰的。加上当时的考场看似纪律严明，实际上考官们营私舞弊，腐败成风，中榜的往往是有钱有势人家的子弟。

李时珍回想发榜时，有的人欣喜若狂，但更多的人捶胸顿足、痛哭流涕，内心感慨不已。他印象最深刻的是发榜那天一位头发花白、神情麻木的老人看到榜上没有自己的名字，喃喃地说："整整 30 年啊，我把大好年华都花在了科举上，到头来却是竹篮打水一场空。"

看着老人失魂落魄的样子，李时珍深有感触，他不想自己成为老人这个样子，决定不再继续走科举考试这条路，而是按照自己的志向来安排未来的生活。三百六十行，行行出状元，他也想像父亲那样行医治病，济世救民。

历史知识小贴士

蕲州四宝

蕲州四宝又称“蕲春四宝”，包括蕲艾、蕲竹、蕲蛇、蕲龟。

蕲竹又名“笛竹”“孝顺竹”“蓬莱竹”等，是世界上较优良的竹种之一，史载大蕲竹“色泽晶莹，有如琉璃、美玉，且质地坚韧，又柔软如绵，折叠如布”。蕲竹可以用来制成蕲簟（席）、蕲笛、蕲杖、蕲竹扇、蕲竹筷等精美竹制品。

蕲笛发出的声音清脆响亮，有“蕲春笛竹天下知”的美誉；蕲簟供人睡卧使用，有祛病的功效。蕲竹的药用价值在于它能清热、泻火、熄风、治咳逆上气、杀虫等。

蕲艾是名贵药材，含 17 种已知化合物，茎和叶都可以入药，艾叶有理气、逐寒湿、温经、止血、安胎等功效；洗艾水澡可预防感冒，治疗头痛、鼻塞；艾汤洗脚可治风寒咳嗽；艾水薰蒸可治筋骨痛、腰腿痛等多种疾病。用蕲艾枝叶熏烟，能驱蚊蝇，有杀菌功效。

蕲龟俗称“绿毛龟”，全身都可入药。龟肉营养丰富，能滋阴补血，逐风祛湿，柔肝补肾，去火明目，凉血止血，还可以治疗筋骨疼、咳嗽；龟血可治疗跌打损伤；龟胆可治疗眼肿；龟甲能够健骨益肾，为药中珍品。

蕲蛇又称“五步蛇”“白花蛇”。蕲蛇虽是一种毒蛇，但也是名贵的传统中药。蕲蛇肉有祛风湿、驱风寒、舒筋活络、镇痉、止痒的功能，还可以治疗中风、破伤风、麻风、疥癣等疾病。

八股文

八股文又称“制义”“制艺”“八比文”，是明清以来科举考试的一种文体。

八股文来自经义，“经义”与“论”不仅同源，而且共贯。朱瑞熙根据宋、元时人探讨“论”和“经义”作法的《论法绳尺》和《作义要决》等书，归纳出所谓“十段文”的格式，即破题、承题、起讲、入题、出题、起股、中股、后股、束股、大结10个部分组成。破题开头用二句破解题意。承题用三四句或五六句承接破题的意义，并加以说明。起讲用数句或十数句引发议论。入题用一二句或三四句，为起讲后入题之处，说明、解释题意，不要求考生发挥。出题用数句先说明考生的想法，然后写过渡语，过渡到正文。起股至束股四股才是正式的议论中心，四股中每股又必须有两股排比、对偶的语句，合起来一共是8股，故称“八股文”。

八股文的题目取自“四书”“五经”，考生必须按照程式化的格式以儒家经典义理为依据进行阐释，因而严重束缚了考生的思想，限制了考生才华的发挥，沦为为统治阶级服务的思想工具。清末光绪二十四年（1898年），光绪皇帝在康有为、梁启等人的推动下发起“戊戌变法”。光绪二十八年（1902年）废除八股文，八股文从此退出了历史舞台。

第二章

立志学医，救死扶伤

李时珍决定行医济世后，白天跟着父亲出诊或采药，晚上看书、制药，渐渐可以独当一面了。在这个过程中，李时珍发现大部分医学书籍因为成书已久，里面有不少错误，而且书中记载的药物品种有所不足，分类方法也不是十分准确。于是，他心中萌生了校勘、修订古代医学书籍，重新编纂一部内容丰富、分类科学、注释准确的本草书的想法。

赋诗言明行医志

李时珍生活的年代，正值嘉靖皇帝朱厚熜在位，嘉靖帝痴迷于长生之术，尤其相信道教，认为服用丹药能让人长生。他即位后不久就把炼丹炉搬进了皇宫，成天炼丹求仙，连朝政都荒废了。上行下效，从宫廷到民间，大家都信巫不信医，很多人生病后不是去寻求医生的帮助，而是到处寻找符水来治病。在这种风气的影响下，医生的地位在社会上又有所降低。

李时珍的父亲李言闻一直认为行医的人没有社会地位，被人看不起。不过李时珍并不这么认为，他从小就看见父亲救死扶伤，为穷人看病，心里早早产生了长大后从医的愿望，而且想要成为像父亲那样能为病人解除痛苦的良医。

有一次，李时珍读书累了，就去附近的雨湖散心。等他回来时，李言闻站在门口，脸拉得很长，不高兴地问道：“怎么不好好读书，出去乱跑呢？”

“父亲，我不是去玩，”李时珍一边解释，一边举起手，“看，我给您采了一些艾叶回来。”

原来，前几天李时珍的父亲为一个病人治病，需要用到艾叶酒，见家里的艾叶酒快要用完了，很着急。李时珍知道后，就顺便采了些艾叶回家。不承想：父亲对李时珍说：“你现在最要紧的是读书，将来好做个贵人，不要做贱人。”

李时珍不解地说：“父亲，我记得有人说过，不为良相，便为良医。也就是说，要做官就做朝廷里的大官，如果做不了官，那么就在民间做个好医生，也可以受人尊敬。您一辈子行医，大家都很敬重您，怎么能说行医是种贱业呢？”

李言闻一时无法反驳，于是没有再说话，将李时珍手里的艾叶拿过来，转身进了屋。

这是父子之间关于要不要学医的一次对话，也是李时珍第一次反驳父亲，向父亲表明自己的志向。

因为对医学非常痴迷，李时珍经常偷偷看父亲如何为人诊病，为此他记下了许多药方，摸清了人体穴位的具体位置，一有时间就在自己身上按压穴位，看看有什么效果。据说他还多次拿动物做试验。有一次，家里有只老母鸡得了重病，他决定采用父亲擅长的针灸来给老母鸡治病。在针灸的过程中，老母鸡受到惊吓，差点晕过去。但针灸结束后，老母鸡又可以进食了，并且很快恢复了活力。

几次落榜加上生病，让李时珍在对仕途失去希望的同时，对医学产生了越来越深厚的兴趣。

嘉靖十九年（1540 年），23 岁的李时珍第三次参加乡试落榜之后，决定继承家学，钻研医术，他把自己的想法告诉了父亲。李言闻看着儿子瘦弱的身躯，心中很是不忍，知道儿子这些年寒窗苦读消耗了太多的精力，又一次次地承受打击。然而从医之路的艰辛与坎坷，李言闻是深有体会的，于是他叹了口气，说道：“你以为学医就不难吗？”

“为了考试，我已经白白浪费了那么多年的时间，实在不想继续蹉跎下去了。”李时珍眼神坚定地说。

李言闻希望儿子再考考看，劝说儿子道：“或许再参加一次考试，就可以成功了。”

李时珍说：“像您那样的真本事、真学问，我不学习，却要去学那陈腐无用的八股文，我追求的是怎样的功名啊？如果再让我继续去考，我一定会抑郁成疾，不得骨蒸病，也会得别的病。大丈夫进则救世，退则救民，做不了官，就做个行医救民之人，一样可以为老百姓造福。”

这时，李时珍的妻子吴氏也在一旁为他说情：“父亲，夫君岁数也不小了，还整天端坐屋里读书，而您二老还在整天为生活操劳，我们实在是于心不忍。他参加了几回乡试，都未能考中，以致影响了身心健康，之前还大病一场。他要是高兴学医，就让他学吧。一家人高高兴兴的，比什么都强。”

吴氏说完，将李时珍写的一首诗交给李言闻。李言闻打开细看，只见上面写着：

身如逆流船，心比铁石坚。
望父全儿志，至死不怕难。

字字铿锵有力，句句表明决心，看来儿子是下定决心学医了！李言闻知道，勉强不会有什么好结果，于是他看着李时珍，语重心长地说：“那你可要想好了，既然要行医，就不能做庸医，害人又害己。除了要熟读医书，学会望闻问切，还要熟悉各种药材。”

李时珍见父亲终于松口了，高兴地说：“父亲，没问题，有您的教导，我一定会好好学的。”

就这样，李时珍告别了科举考试，开始一心一意钻研起医药学，走上了悬壶济世、救死扶伤的道路。没有了科举考试的压力，他心中似乎放下了一块大石头，心情轻松了许多。他从最简单的医书读起，然后阅读、钻研《黄帝内经》等医学典籍。随着时间的推移，他对医学的认识不断提高。

当然，他多年寒窗苦读积累的儒学功底，为他日后悬壶济世，进行医药学研究打下了坚实的基础；使他的言行举止处处体现出胸怀大爱、温文尔雅、谦恭礼让的儒者风范，最终成为医术精湛、品德高尚的旷世儒医。

随父踏上行医路

为了学好医学，掌握医术，李时珍开始背着药箱，跟着父亲走街串乡，做父亲的助手。父亲给病人望闻问切的时候，他就在旁边一边听一边记录要点。父亲开方的时候，他负责写药方，并向父亲请教为什么要这样下药，用药的目的是什么。

有时，遇到病情较轻的病人，李言闻就让李时珍试着给病人诊断，为病人开方。如果觉得李时珍有做得不合适的地方，李言闻就给他修正。

采集药草也是李时珍需要学习的一个重要内容。因为担心买来的药草里面掺假，李言闻坚持自己采药、制药。他对李时珍说："要做一名良医，不仅要认识药，还要了解药。有些医生只知药名，却不识药材；或者因为利益关系，故意装糊涂，这样做病人就遭殃了。"

李时珍点点头，说："我听说药市上有人用枇杷花蕊冒充款冬（别名"冬花"，有止咳祛痰、润肺下气的功效），或者熬黄明胶加入荞麦面冒充阿胶，真是伤天害理啊！"

李言闻听了，随手拿起桌上的一种药草，问李时珍："你看看这是不是土黄芪（有祛风毒、除湿毒、补气血、止疼痛的功效）？"

李时珍接过药草，看了一会儿，坚定地摇了摇头："不是。"

"为什么？"李言闻问道。

李时珍解释说："土黄芪很柔韧，表皮呈灰黄色，肉中白色，而这个药草又坚又脆，肯定不是土黄芪。"

"你说的没错，这是苜蓿根，味苦，长期服用会令人消瘦；土黄芪味甘，长期服用则令人肥健，所以两者不能混用。除了这个苜蓿根，还有人用棉花根、铁扫帚根来冒充土黄芪，一定要注意分辨。”李言闻对儿子掌握的知识还算比较满意。

李时珍吐了吐舌头：“看来我要学的东西还有很多啊。”

为了采集药草，李时珍跟着父亲走遍了家乡的山山水水。每采集到一种药草，他总要请教父亲，仔细问明白草药的名称、功能、药性。

为了搞清药草在生长期的药性，李时珍在征得父母的同意后，对自家的一块小菜地进行了翻耕、平整，用来种植草药。他在菜地里种了车前草、鱼腥草、麦冬、香蒿、母菊等药草，还每天给药草浇水。李言闻见儿子对草药的研究非常投入，十分高兴，就大力支持他，和他一起种植、养护药草。

药草一天天生长，从嫩芽到老叶，从花朵到果实，李时珍将它们一一放入口中，细细咀嚼、品尝，然后将每种药草的形状、颜色、味道等详细记录在手稿上。

当时，蕲州城内的大户人家——顾家和郝家，都与李言闻父子有来往。

顾家住在蕲州城东门外的全胜坊，离李家不远。顾家的两个儿子顾问、顾阙与李时珍年龄相仿，都考中了进士，后来也都成了蕲州地区的理学名家，号称“二顾”。李时珍与顾问、顾阙一见如故，相谈甚欢。他与顾问更是志趣相投，经常在一起饮酒赋诗，谈词论理。

有一次，顾问梦中得诗，与李时珍相见时，便出了上句“远山隔林静”，让李时珍对下句。李时珍思考片刻，脱口而出：“明霞对客飞。”顾问拍手称妙，说：“太巧了，居然和我梦中得到的下联一模一样，你真是太有才了。”

顾家有很多理学方面的藏书，因为顾问与李时珍很投缘，顾问的父亲便特地准许李时珍到自己家中借阅书籍。因此，李时珍读了很多理学书籍，极大地丰富了自己的文史和哲学知识，为辨证施治、整理本草书奠定了哲学基础。

郝家则住在蕲州城里，兄弟二人分别叫郝守正、郝守道。他们敬重李言闻的人品和医德，双方常有来往。

郝守道对医学很感兴趣，家中收藏了许多医学书籍。他见李时珍谦虚好学，便主动将家中的医学书籍借给他阅读，还允许他在书中做批注。李时珍如获至宝，如饥似渴地一部接着一部进行研读，先后读完了东汉时期的《神农本草经》，南北朝梁代陶弘景的《本草经集注》，唐代的《新修本草》，宋代的《证类本草》《嘉祐补注本草》《本草图经》等。他将医学书籍中的知识与实践结合起来，收获颇大，还经常与郝氏兄弟讨论医理、药理。

除了读书学习医学知识，李时珍还时常外出采药。在采药过程中，他不耻下问，向渔夫、樵夫、农民、药商请教，因而学到了很多从书本中学不到的东西。

玄妙观中初行医

嘉靖二十二年（1543 年），李时珍 26 岁，距他随父学医那年已经过去了 3 年。这年，李言闻在蕲州东门街一带租下了玄妙观里的通明阁，带着李时珍在这里设摊行医。

李言闻父子对待病人和蔼亲切，全心全意地救死扶伤，不仅诊病准确，治疗效果好，而且开的药价格也很便宜，所以很多人都愿意找他们看病。医摊前人来人往，甚是热闹。渐渐地，李言闻父子在蕲州一带的名气越来越大，连官府的人也经常来求医买药。

刚开始，李时珍只是给父亲誊抄药方，后来又为一些轻症病人诊断病情，并详细记录病人的症状和自己的诊断过程、结果。

一天，李言闻父子医摊前来了一位女病人，只见她呼吸急促，一副很难受的样子。李言闻对女病人进行了一番诊察，发现她腰部以下浮肿，脸面、眼眶也浮肿，于是问道：“你觉得哪里不舒服吗？”

女病人说：“最近晚上总是睡不好，拉溏便，小便短少。”

李言闻给女病人把了把脉，发现她的脉象沉而大，判断她的症状是病后受风寒侵袭造成的，然后给她开了药。没想到两天后，女病人又来了，说自己服药后病情并没有好转的迹象。

李时珍见女病人喘息不已，就给父亲出主意说：“过去张仲景治疗伤寒病人，记录下的病人症状也是脉沉、咽喉不利、吐脓血，而且泄痢不止。看这个病人的症状，不知道用千金汤加上麻黄是否有效？”

“古方多有奇效，但要正确运用并不容易，尤其忌讳一知半解，随意套用。”李言闻似乎不太赞同。

李时珍恳求道：“父亲，您如果没有更好的办法，就让我试试吧。”

李言闻见他一副跃跃欲试、很有把握的样子，于是点了点头。

李时珍先给女病人开了千金汤、麻黄，煎成汤让女病人服下。女病人服药之后，喘息不那么严重了。接着李时珍又给病人换了药，让女病人用胃苓汤吞服深师（南北朝时著名医学家，僧人，善于治疗气疾）研制的香薷术丸。女病人服药两天后，小便增多，全身的浮肿也消退得差不多了。李时珍又为女病人开了几副药，让她连服几天，最终，病人痊愈了。

看到儿子的大胆尝试竟然如此成功，李言闻也很高兴，对李时珍说："古方能否发挥神效，全在于运用它的人。我看你已经领悟其中的道理了。"

此后，每当有病人前来求医，李言闻便让李时珍出面诊治，然后自己再进行复验。遇到疑难问题，李时珍也会找父亲咨询，总要问个水落石出才罢休。

李言闻解答的时候很有耐心，总是引用古医书上的记载，先找到理论依据，然后联系自己的实践经验，将李时珍所问的问题讲解得一清二楚、明明白白，这让李时珍获益匪浅。

李时珍求知若渴，白天把自己遇到的难病、重病的症状记录下来，晚上回家认真查阅医学书籍，从中寻找针对性的治疗方案，以不断提高自己的医学认识和诊疗水平。

开方失误教训深

在跟随父亲学医期间，李时珍倍加用功，白天出诊、外出采药，晚上看书、制药，常常忙到深夜才上床睡觉。

在父亲手把手的指导下，李时珍渐渐可以独立诊断一些伤风感冒类的小病或常见疾病。

一天早上，李言闻外出行医，李时珍留守玄妙观。李言闻前脚刚走，后脚就来了一位病人，病人用手捂着肚子，一迭声地说自己腹泻严重，肚子疼得厉害。可是，李言闻刚出去，一时半会回不来，怎么办？李时珍看着病人非常难受的模样，想到自己前不久在医书上正好看到过类似的病症，便对病人说："我父亲要到下午才能回来，要不我先给你开个方子，看看有没有效果。不行的话，只能等我父亲回来了。"

病人只想快点把病治好，连声说："好，好，李大夫的公子开的药方，肯定错不了。"

于是，李时珍就按照医书上说的给病人开了药方。病人拿着药，千恩万谢地回家了。

下午李言闻回来了，听说李时珍给病人开了药方，十分担心，赶紧询问事情的详细经过。李时珍将病人的症状，自己所开的药方，用药的依据，以及药物有什么性能等，一一说与父亲听。李言闻听后深为惊讶，没想到儿子居然用对了药，他暗自思忖：看来儿子确实有医学天赋，看了医书就能学以致用，对症下药。于是，李言闻夸赞了几句，勉励他日后继续努力，钻研医学，不断提高自己的诊疗水平。

听了父亲的夸赞，李时珍十分高兴，心里美滋滋的，也更加自信了。但没过多久，他便因为考虑不够周到，得到了一次深刻的教训。

那天，李言闻又外出行医，有个眼睛肿痛的病人来玄妙观求医。李时珍想起父亲以前也曾治疗过眼睛肿痛病，便按父亲当时所开的药方，给这个病人开了同样的一份。病人拿了药后就回家了。

不料，第二天病人找上门来，说服药后眼睛的症状不仅没有减轻，反而加重了，他的眼睛更痛了。李言闻向李时珍问明情况后，生气地说："药方不对，用错药了。"

李时珍有些不服气，小声辩解道："可是这个病人的病症明明跟上次您所看的病人的症状差不多啊，为什么不能用同样的药？”

李言闻严肃地说：“有的病看起来差不多，实质却不一样。治病救人千万不能有这种‘差不多’的心态，否则就有可能差之毫厘，谬以千里，弄不好是要出人命的。你这次运气好，没有出事，那么下次呢？”

接着，李言闻将前后两个病人的用药道理分析了一遍，把李时珍说得心服口服。

日子在看诊、采药中一天天过去。李时珍在父亲的指导下，小心谨慎地为病人看病，努力提高自己的医术水平，但是仍然免不了犯错，有一次还差点闹出了人命。

当时，李言闻外出采药去了，玄妙观突然来了个年轻人，说自己的父亲得了急病，正躺在床上，昏迷不醒。李时珍一听，急忙背着药箱跟着年轻人来到病人家中。只见病人面红耳赤，双眼紧闭，他摸了摸病人的额头，温度很高，认为病人是得了重伤风，便让病人的妻子用生姜煎水给病人服下。

过了一会儿，病人的妻子问：“重伤风病人还能吃鱼吗？”

李时珍进门时，看见院子的鱼池里有一条乌鳢，便说：“那就用生姜煮乌鳢汤吧，病人喝了出点汗就好了。”

之后，李时珍就背着药箱回家了。没过多久，病人的儿子又一脸惊慌地跑过来，一进门就对李时珍说：“我父亲喝汤吃鱼之后，不仅没有出汗，反而脸色变白，舌头打结，翻白眼，出粗气……”

李时珍一听也慌了，没想到病人喝点鱼汤会出现这么严重的情况，这可如何是好？恰在此时，李言闻回来了，李时珍赶紧向父亲求救。

李言闻听后，吓了一跳，大声责备李时珍：“你可知道，生姜煮乌鳢会使人中毒的！”

随即，李言闻开了几副有解毒功效的药方，和李时珍一起赶到病人家里，将草药煎好，让病人服下。病人的症状缓解后，李言闻又让病人服用医治伤风的草药。几天后，病人终于康复了。此后，蕲州一带的人们便有了中药不与乌鳢同吃的习惯。

这次错诊事件发生后，李时珍好几天吃不下、睡不好，他不明白伤风病人吃了生姜煮乌鳢，为什么会中毒。这促使他日后对药物进行更加深入的研究，仔细考察每一种药物的药性、药理以及药物与食物的搭配原理，以避免药物中毒的事件发生。

同时，这次错诊也促使李时珍时刻警醒自己：医学博大精深，学医不是儿戏，必须对医学保持敬畏之心，以救死扶伤作为医生的职责，任何的想当然都是对医学的亵渎，一点点的疏忽都有可能铸成大错，让病人失去生命。

多年以后，李时珍已经成为一代名医，但他每次给人看病，仍然战战兢兢，如履薄冰，不敢有丝毫的疏忽大意。

发愿重修本草书

在忙碌的行医实践中，李时珍坚持阅读古代的医学书籍。他发现古代的医学书籍中存在不少的缺陷和错误，比如同一种药材，名字却不同；或者不同的药材，名字却相同；有的甚至出现错字，这给医生用药带来很大的风险。

在玄妙观行医的时候，有一次，李时珍外出经过一家官办医院门口，看见一个壮汉提着几包中药，步履匆匆地从里面走出来。壮汉没走多远，一个医官追了上去，大声叫住那个壮汉，嘱咐他说："回去煎药的时候，等药煮到第三滚的时候，把'锡块'放进去，轻轻搅拌一会儿，等煮开了再关火，千万不要忘记了。"

李时珍生平第一次听到这种用药方法，觉得很奇怪：药里面居然要放“锡块”，这是什么道理？遇到不明白的事情，他总想问个究竟，于是他快步上前，向那个医官请教。

医官打量了他一眼，傲慢地说：“这是古人的妙用，就算告诉你，你也不懂。”

李时珍无奈，只得回家问父亲。李言闻一听就明白了，笑着从书架上翻出一本医药书籍，翻到某一页，指着上面的一个处方，对李时珍说：“答案就在这里，你自己看吧。”

李时珍接过书，发现处方后面写着：“药引需放入锡一块。”旁边还有父亲用红笔写下的批注：此处的“锡”，实为“饧”。这个“饧”是古时候人们用粮食熬成的糖稀或凝固成的糖块。处方上说要放一块“锡”作为药引，实际上是指在煎好药以后，放一块饧糖。印刷医书的机构误将“饧”字刊成“锡”字，很多医官又不求甚解，书上说什么就是什么，还自作聪明，以为其中有什么玄机呢！

李时珍放下书籍，忍不住感慨道：“很多医书流传至今已经有几百年，错字漏字也在所难免，但如果放任这些错误，不知道会害了多少人。”

不久又发生了一件事，让李时珍意识到药名混杂所产生的后果的严重性。

那天，有个男人气喘吁吁地跑来，着急地对李言闻说：“李大夫，快救救我妻子。”李言闻马上收拾药箱，叫上李时珍，一起赶去救人。

李言闻一边走，一边向男人询问他妻子的病情。原来，男人的妻子刚刚产子，因为大便干结不通，小便滴沥难解，下腹胀痛，便找一个游方郎中开了点药。药是白色粉末状的，游方郎中说是芒硝，可以通便。于是，男人就按游方郎中的嘱咐，分3次让妻子将药服下，结果妻子的病情反而加重了。

李言闻赶到男人家中时，只见病人正疼得在炕上打滚，而且面部赤红，呼吸急促。李言闻急忙为她诊断，发现她舌体肿大且颜色青紫，腹部胀硬，脉搏跳得厉害，显然是用错药了。他让男人把剩下的药物拿来，发现游方郎中开的不是芒硝，而是火硝。芒硝的主要成分是含水硫酸钠，火硝的主要成分是硝酸钾，两种药物的成分、性质完全不同，但一些医学书籍对它们的成分说明含糊不清，误导了很多医生。

李言闻开了一个药方，让李时珍回家去取药，又让男人找来蜂蜜和麻油，混合后熬煮，制成栓剂，塞入病人的肛门。李时珍把药取来后，又帮忙把药煎好，给病人服下。第二天李言闻再去为病人复诊，其症状已经减轻了很多。

事后，李言闻耐心地给李时珍解释了芒硝和火硝的区别。李时珍自己也翻阅了很多医学书籍，彻底搞清楚了这两种药物的特性及用法。

还有一次，李时珍和父亲外出采药，在一户人家门前，看见一群人愤怒地围着一个铃医打扮的人，铃医则一脸无助的样子。李时珍见了，急忙走上前去，询问发生了什么事。一个年轻人愤怒地说："我爹吃了他开的药，结果病没有好转，还口吐白沫，面色苍白，已经昏迷过去了。"

铃医辩解道："药方没有错啊，我是按照医书开的方子。"

"您给看看是怎么回事。"年轻人进屋取来药方和煎药用的药罐，递给李时珍。

李时珍把药罐里的药渣倒出来，对照着药方，一样一样地辨认、鉴别。他将每一味药物都放在鼻子边闻了闻，又放进嘴里仔细嚼嚼，终于发现药渣里有一味毒性很大的天南星，但是药方上并没有这味药。这是怎么回事呢？李时珍感到迷惑不解。

李时珍向父亲请教，李言闻一听就明白了几分，问道："你看看药方上有没有漏蓝子？"

“确实有，可是，这跟漏蓝子有什么关系呢？”李时珍不解地问道。

“这个漏蓝子又名‘虎掌’，天南星也有个别名叫‘虎掌’。”李言闻解释说，“可能是药铺按方取药时出现了差错。问题的根源就在于一药多名、多药一名，这是古医书的错误，误导了医生。”

李言闻随即开了一个解毒药方，让病人家属取药煎成一盅，给病人服下，然后安静地躺一会儿。果然，病人不久便吐出了一滩毒水，感觉清醒了许多。那位铃医对于李时珍父子的解围之恩也十分感激，当场拜李言闻为师。

后来，李时珍在阅读一些医学书籍时，还发现了其中的很多错误。

比如，《证类本草》一书指出萎蕤和女萎是同一种药物，但是它们的外形明显不一样，萎蕤的叶子长得像竹叶，在柄间开白带绿色的小花，像一个个吊着的小铃铛；女萎的叶子是对生的，开小白花。它们的药效也不一样，萎蕤的根可以治虚劳寒热，还可代替人参、黄芪作为补药；女萎则用来治疗霍乱和痢疾，还可以消炎消肿。

又如，兰花仅供观赏，不能入药，而有的本草书却将兰花当作药用的兰草。

还有狗脊，本草书上说它像萆薢（bì xiè）、菝葜（qiā）、贯众的都有，让人弄不明白它到底是什么。

这都是人们对药物缺乏实地考察及调查造成的结果。很多医学作者没有深入实际进行调查研究，只是从书本上抄来抄去，所以越解释越混乱，而且矛盾百出，令人不知所从。

李时珍越看越心惊，如果按照这些错漏百出的药典来开方、抓药，岂不是害了病人，甚至会弄出人命来？他曾听说有个人因为身体虚弱，去找医生，医生给他开了一味叫黄精的补药，他服下后竟然丢了性命。后来人们才发现是医生开错了药，将钩吻当成了黄精，那人服用钩吻，导致中毒而亡。还有医生给精神病人开药，误把狼毒当成防葵，病人服药后也不幸死亡，因为狼毒这味药毒性很大。

李时珍意识到，那些记载药物的书籍，为人们提供了丰富的知识和宝贵的经验，但也存在着不少的错漏，比如药名混乱，药性、药理解释不准或者说明存在谬误等。如果不加以订正，就会以讹传讹，轻则耽误病人的病情，重则使病人病情加重，甚至丧失性命。另外，古代医药书籍中记载的药草种类也不齐全，而且分类混乱，“草木不分，虫鱼互混”。

比如，生姜、薯蓣属于“菜”品，却列在“草”品中；槟榔、龙眼属于“果”品，却列入“木”部。

宋代以来，我国的药物学有很大发展，尤其是随着中外文化交流的频繁，外来药物不断增加，但均未载入本草书中。

以上种种情况，使李时珍觉得应该将不同版本的本草书进行取长补短，再结合自己的实践经验加以修补、增订，重新编写一部本草书，统一药草名称，供医学界人士参考使用。

李时珍将自己的想法告诉父亲，李言闻当时正在写《蕲艾传》，深知要编写一部全面系统、准确无误的医学书不是一件简单的事情，需要花费大量的人力、物力。他对儿子说：“要想重修本草书，除了要研究历代的本草书，还要将古代流传至今的传统方剂一一查清、验证，光凭你一个人的力量，即使花一辈子的时间也可能完不成啊。”

李时珍不以为然地说：“像这本《证类本草》不就是古人编写的嘛，他们都能做到，我为什么不能呢？”

“这类医书其实都是由朝廷出面主持编写的，《证类本草》的主编是唐慎微，朝廷还派了几十个人去帮助他，但也花了十几年时间才把这本书编完。”李言闻顿了顿，觉得儿子既然有这样的志气，还是应该鼓励他，“你如果真的有心做这件事，平时可以注意搜集资料，做好记录工作，一旦机会成熟，随时可以开始重修本草书籍。”

李时珍觉得父亲言之有理，自己现在最要紧的任务是做好相关的准备工作。

与方士初次交锋

李时珍和父亲在玄妙观行医的日子，就这样波澜不惊地进行着。此时，以嘉靖帝为首的崇道敬仙派所掀起的炼丹风潮正越演越烈，很快便波及蕲州。

这天早上，李时珍和父亲正在接待病人，忽然听到外面传来一阵吵闹声，紧接着一群人气势汹汹地冲了进来，病人们见情形不妙，一哄而散。

正所谓冤家路窄，李时珍发现，来人中为首的不是别人，正是李家的死对头——潘庆。在潘庆和他的仆人后面，还跟着一个道士和十几个官府的人。

潘庆快步走到李时珍父子面前，用手指着他们大声嚷道：“快走，不许在这里行医！”

李时珍气愤地说："这是我们租来的地方，你凭什么赶人！"

潘庆也不多话，大手一挥，他的仆人如狼似虎，一下就把李言闻父子坐诊用的桌子掀翻了，桌上的东西散落一地。

李言闻气得浑身直哆嗦，话都说不出来了。李时珍则是初生牛犊不怕虎，义正词严地对潘庆说："我们在这里行医很久了，深受百姓欢迎。你们不要欺人太甚，否则我就去官府告你们！"

"官府的人就在这里，你告吧。"潘庆得意扬扬地指着身边的道士说。

道士拉长了声音说："我奉皇上旨意，要在这个道观设坛炼丹，为皇上炮制长生不老之药。你们赶紧换个地方吧，要是误了皇上的大事，你们就是有十个脑袋都不够掉的。"

"你走你的阳关道，我走我的独木桥，咱们井水不犯河水。你要炼丹尽管炼去，这道观还有那么多地方，还不够你用吗？"李时珍愤愤不平地说。

道士哼了一声，说："这炼出来的仙丹是要献给皇上的，你们这些凡夫俗子离得越远越好。"

"我看你就是个假道士，皇上都被你们这些人给蒙骗了。”李时珍怒视着道士说，“等着吧，总有一天我会揭穿你们的把戏。”

道士一听也怒了，呵斥道：“我看你这小子是活得不耐烦了，居然敢说皇上的坏话……”

这时，李言闻已经收拾好了东西，见李时珍、道士二人越说火气越大，连忙对道士说：“您别动气，我们这就走！”

说完，李言闻就拉着李时珍往外走。李时珍不服气，一边走一边说：“什么仙丹，吃了它不仅不能长生不老，还会危害性命呢。”

李时珍对于嘉靖帝崇仙炼丹的作为早就有所耳闻。他听说嘉靖帝已经多年不理朝政，还派奸臣严嵩四处寻找道士，想要炼出长生不老仙丹，以便永远拥有唯我独尊的皇帝权威，享受无穷无尽的荣华富贵。为了讨好嘉靖帝，严嵩找到了一个名叫陶仲文的方士。

陶仲文也是湖北人，跟李时珍是同乡。当李时珍放弃科考决定从医时，66 岁的陶仲文手持桃木剑，口念符咒，在宫中作法，误打误撞治好了庄敬太子的痘疾，由此受到嘉靖帝的宠信。嘉靖帝认为，陶仲文是上天派来辅佐自己的，于是赐给他一个至高无上的封号：神霄保国弘烈宣教振法通真忠孝秉一真人，还赐给他许多官衔，比如少保、少傅、少师、恭诚伯、礼部尚书等。

此后，嘉靖帝将国家大事抛在一边，在宫中学道修仙，还服用陶仲文炼制的“仙丹”。正所谓上梁不正下梁歪，各地的皇族、官僚、乡绅见皇帝服食仙丹，也纷纷效仿，设坛炼丹。严嵩和一些大臣甚至模仿道士，戴起了方士帽，出入朝野，以取悦嘉靖帝。

在嘉靖帝的支持下，陶仲文在宫中设坛修醮（jiào），在地方则设立专管炼丹的炼金所。陶仲文还怂恿嘉靖帝向民间征收钱财、贵重物品，以供修仙炼丹之用。各地除了要向皇帝缴纳更多的钱财外，还要进贡灵芝、梅花鹿和炼丹用的檀香木等奇珍异兽、土特产。比如，湖广一带要进贡上等檀木，江西景德镇则要进贡坛具和瓷器……老百姓为此苦不堪言，深受其扰。

各地的官僚、士绅、土豪借此机会，和方士们勾结起来，搜刮百姓。有些铃医为了谋取私利，也随波逐流，跟着炼起了仙丹神药，让病人服食丹药。

远在蕲州的李时珍，这次也切身感受到了由陶仲文这个显赫同乡从京城刮过来的邪风。

蕲州物产丰富，又有荆王坐镇，自然也要设坛炼丹。蕲州官员与潘庆联合起来，决定修整扩建蕲州城里的东岳庙和玄妙观，以便炼制出能够让人长生不死、羽化成仙的仙丹。

李言闻知道自己惹不起这股势力，也得罪不起潘庆和道士，于是低声劝说儿子："民不与官斗，这种事不是我们平民百姓所能左右的。不过来日方长，假的真不了，真的假不了，我们可以用辨证施治的方法揭穿道士们的骗术，他们迟早会受到惩罚的。"

李时珍沉默半晌，恨恨地说："这些道士虽然可恶，但某些医书才是始作俑者。葛洪的《抱朴子》大肆宣扬丹砂可以让人成仙，《神农本草经》也把丹砂、雄黄这些有毒的药物列为上品，认为服用它们可以延年益寿。这不是胡说八道吗？"

"是啊，尽信书不如无书，古代医书上说的不一定就是对的。更重要的是，我们当医生的一定不能违背良心，去做危害百姓、伤天害理的事情。"李言闻说完，叹了一口气。

李时珍说："将来我一定要把这些也写进本草书里，警醒世人。"

"你的想法是对的，如今这世道，治病只能救人，编书才能救世。"李言闻以欣赏的眼光看着儿子，"你现在才二十几岁，既然做了决定，就好好努力吧。”

李时珍父子搬离玄妙观后，这里就成了方士们的炼丹之地。他们在观内挖了一口水井，专门用来炼丹，井旁还放置了丹炉，以丹砂、水银、硫黄、铅锡等矿物质为原料，进行炼丹。

不久，李时珍和父亲又在蕲州城靠近水码头的一条街上找了个地方，摆摊行医，继续给百姓们看病。此处人来人往，前来求医治病的人不比玄妙观少，李时珍每天忙忙碌碌，将在玄妙观遇到的不愉快之事很快抛之脑后了。

不过，他内心深处已经产生了研究炼丹术的强烈意愿，决心要用真凭实据揭露炼丹术的危害，揭穿道士们的骗局。

历史知识小贴士

《黄帝内经》

《黄帝内经》又称《内经》，是中国最早的医学典籍，也是中国传统医学四大经典之首。约成书于春秋战国时期，相传为黄帝所作，因而得名，实际上它是由中国历代医家共同创作、编撰而成。

《黄帝内经》分《灵枢》《素问》两部分，以黄帝、岐伯、雷公对话、问答的形式，阐述疾病机理及治病原则、养生之道。《黄帝内经》全面总结了秦汉以前中国的医学成就，创立了“脉象学说”“藏象学说”“经络学说”“病因学说”“病机学说”“养生学”等中医学说，它的著成标志着中国医学由经验医学上升为理论医学的新阶段，为战国以后中国医学的发展提供了理论指导，成为历代医家的必读之书，是研究中医学的重要文献，也是中华民族宝贵的文化遗产。

《黄帝内经》后来流传海外，被译成日、德、法、英等多国文字，对世界医学的发展也产生了不可估量的影响。

陶弘景

陶弘景（456—536年），丹阳秣陵（今江苏省南京市）人，南朝著名医药学家、炼丹家。他出身士族，自幼聪颖，四五岁就能读书写字，17岁时以才学闻名远近，一生经历复杂，横跨宋、齐、梁三代，曾在北齐朝廷做官。永明十年（492年）辞去官职，隐居句容句曲山（今江苏茅山），潜心著书立说，并开创道教茅山宗。

陶弘景对当时所有的本草著作进行了系统的整理，

结合自己研究医学的心得体会，编成 7 卷本《本草经集注》，收录药物 700 多种。他从实际出发，勇于创新，打破原来本草书中所使用的三品药物分类法，以玉石、草木、虫兽、果、菜、米食及有名未用等对药物进行分类，开创了一种全新、方便、实用的药物分类法，成为我国本草学发展史上的一块里程碑。

陶弘景对医药、炼丹、天文历算、地理、兵学、铸剑、经学、文学、艺术、道教等都有深入的研究，一生著述丰富，著作达七八十种之多。

《神农本草经》

《神农本草经》又名《本草经》《本经》，中医四大典籍之一，是已知最早的中药学著作。它是由秦汉时期的医学家搜集、整理、总结当时药物学经验成果而形成的专著，于东汉时期集结整理成书，因托名远古时代的神农氏所作而得名。

《神农本草经》一共 3 卷，记载了 365 种药物，其中植物药 252 种，动物药 67 种，矿物药 46 种。全书采用三品分类法，根据药物的性能和使用目的的不同，将药物分为上、中、下3品，上品120种，无毒；中品120种，无毒或有毒；下品125种，大多数有毒，这是我国药物学最早的分类法，为后代所沿用。

对于所收录的各种药物的功效及主治疾病，《神农本草经》都进行了简要的描述，其所描述的药物功效，经过后代的临床实践和现代科学研究，证明绝大部分是正确的。《神农本草经》丰富了中医药物学的知识体系，在很长一段历史时期内，它都是医生和药师学习中医药物学的教科书、必读书。

第三章

妙手回春，医名远扬

嘉靖二十四年（1545年），蕲州瘟疫盛行，李时珍与父亲一起奋战在抗疫第一线，为穷苦百姓免费治疗，深受百姓爱戴。行医期间，他谦虚好学，注重实践，刻苦钻研药性、药理，并且大胆创新，诊治经验日益丰富，医术也得到很大的提高。高明的医术令他在当地名声大震，为他赢得了“神医”的称号。

奋战抗疫第一线

嘉靖二十四年（1545 年），在方士们炼丹日益猖獗，老百姓深受其害之际，蕲州频繁发生灾害。

先是大旱，粮食颗粒无收，紧接着又暴发了大洪水，数百里范围内的田园、村庄变成一片汪洋。水面上漂浮着各类杂物以及人和动物的尸体，在洪水的浸泡和烈日的曝晒下，那些膨胀发白的尸体散发出一阵阵刺鼻难闻的异味。加之官府防治不力，一场大瘟疫很快流行起来，瓦屑坝及附近几个村子的百姓衣食无着，流离失所，苦不堪言。

看到如此悲惨的情景，李时珍十分着急，和父亲一起投入防治瘟疫的战斗中。他们所开的诊所每天门庭若市，感染瘟疫的百姓们络绎不绝地前来求医，父子二人忙得不可开交，救活了许多濒死的瘟疫患者。

这个时候，官办的药局不但没有给予老百姓任何优惠，反而趁机提高药价，牟取暴利。

一天，李时珍和父亲经过一家官办药局时，发现有几个人被药局的医官从里面赶了出来。李时珍急忙走上前去打听原因。这几个人告诉他说家中有人感染了瘟疫，想到药局开几副药回去给家人治疗，但是药局里的药材价格太高了，他们付不起医药费，便央求药局的医官行个方便，低价卖给他们一些药材，可药局的医官毫无同情心，连推带搡地将他们轰了出来。其中一人告诉李时珍，他家里的老人已经快要病死了。

李时珍听后，将情况和父亲说了一下，父亲便带着李时珍，让那人带路，前去给老人诊治。

李时珍父子非常同情受灾的乡亲们，对于无钱治病的穷人，他们不仅不收诊费，还免费赠送药物。很快，李家父子看病不收费，还白送药物的消息便传开了，附近的村民纷纷登门求医，一遍又一遍地说着感谢他们父子的话。朴实的村民们还把家里最值钱的鸡和鸭，以及自制的酥饼送给他们。

为了抗击瘟疫，李时珍想尽了各种办法。他记得《黄帝内经》中记载，瘟疫发生时，家里只要有一个人生病，其他人也会陆续得病。这说明瘟疫是通过人与人的相互接触传播的。可是，一家人朝夕相处，不可能不接触。怎么办呢？李时珍又想到医书里提到过将食物放入水中煮沸消毒的办法。他想，食物倒是可以用水煮沸消毒，可是衣物总不能天天放入水中煮啊！

一天，李时珍回家吃饭，母亲蒸了一笼馒头。他揭开笼盖拿馒头的时候，不小心被水蒸气烫了一下。李时珍脑海中灵光一闪：几乎家家户户都有蒸笼，把病人穿过的衣服放在蒸笼里蒸一下，不是既方便，又能消毒吗？

于是，他把这个方法告诉前来求治的病人，有几个村庄的百姓按照他的方法去做，真的控制住了瘟疫。李时珍兴奋不已，此后有病人前来求治，他总是嘱咐道："这种瘟疫，只要将患者的衣服放在蒸笼里蒸一下，家里的其他人就不会被传染。"他还让乡亲们用苍术薰烟，喝松叶酒，并向井水中投入有效药物，都取得了良好的效果。

追赶铃医学医术

不久，李时珍的母亲也染上了瘟疫。适逢李言闻外出行医，已经好几天没有回家了，李时珍就自己给母亲诊断。因为母亲的症状与痢疾相似，他就开了几副消除痢疾、化滞顺气的药让母亲服用。

恰巧，李时珍的表兄卢少樊也生病了，他派人来请李时珍去给他看病。李时珍便嘱咐妻子煎药，照顾好母亲，然后就出发了。当天晚上，李时珍留在表兄家中过夜。

李时珍母亲吃过三剂药后，感觉没有什么效果，但丈夫和儿子都不在家，她也只能等着。忽然，外面传来一阵铜铃声，原来是有一位铃医来到村中行医。李母连忙让儿媳妇把铃医请进家中。李母将自己的病情以及吃过什么药都一五一十地告诉了铃医。铃医对李母进行了一番望闻问切，然后说：“你得的是虫毒病，我给你开几粒药丸，你服用看看怎么样。如果有什么问题，可以到江边的小客店来找我。”

李母服下铃医开的药丸后，病情果然有所好转。第二天晚上，李时珍回家了。他见母亲精神状态不错，心里十分高兴，以为是自己开的药起了效果，便问道："娘，您服药后是不是感觉好多了？"

李母笑着说："你这个医生啊，只能治别人的病，不能治自家人的病。"

李时珍听了觉得很奇怪，既然他不能治自家人的病，那母亲的病是怎么好的？李母看出了他的心思，于是将街头铃医给自己诊病开药的事如实道来。

李时珍不由得有些惭愧，看来还是自己学艺不精，不能对症下药。他听母亲说那个铃医就住在江边的小客店里，决定去上门拜访。然而，当他赶到江边的小客店时，却听说铃医刚刚出发，打算回江南老家去。李时珍向店小二问明了铃医的长相及打扮，然后匆匆往码头赶去。

但李时珍来迟了，大船已经开走。他不死心，上了一艘小船继续追赶，到了对岸，终于发现了铃医的身影。他一边喊一边跑过去，铃医不由得有些心慌，以为是自己开的药出了问题，病人家属找他问罪来了，于是加快了脚步。就这样，李时珍在后面追，铃医在前面跑，他一边跑一边回头看，惊慌之下，竟被一个石头给绊倒了，重重地摔在地上。李时珍连忙走过去扶起铃医，向铃医行了个礼，然后说明来意。

铃医虚惊一场，方才知道自己误会了李时珍。他对李时珍父子也有所耳闻，知道他们是蕲州一带的名医。他的药方本来是不外传的，但看李时珍为了了解治病方法，这么有诚意地请教自己，于是也就不再隐瞒，坦诚地对李时珍说："你母亲得的是虫毒病，我给她开的药丸叫'太乙紫金丹'，可以解毒疗疮，适用于很多病症。"

接着，铃医又详细说明了药丸的成分、用量、制药方法等。李时珍一一记录下来，有不明白的地方就询问铃医，铃医也如实相告。分手时，李时珍一再向铃医致谢，既感谢铃医救治了自己的母亲，也感谢铃医毫无保留地将医方传授给自己。

蕲州的"救命菩萨"

李时珍深知，救死扶伤是医生的职责，他时刻把这句话记在心里。不管走到哪里，他都习惯对人察颜观色，如果发现对方可能患有疾病，便好意提醒一番。

有一次，他外出给人看病，途中经过一条小河，小河上的木桥被水冲垮了。他正想着怎么过河去，忽听后面有人喊他，回头一看，只见一个高大健壮的中年男子走了过来，说：“李先生，您这是要过河吗？这边水浅，我背您过河吧。”

过河后，李时珍向中年男子表示感谢，又见他脸色灰暗，没有血色，关切地说：“我看你脸色不太好，我给你把把脉如何？”

中年男子满不在乎地说：“嗨，我体壮如牛，能吃能喝的，能有啥病？您快忙去吧，不用管我。”

“费不了多少工夫，我给你瞧完就走。”李时珍笑着说。

中年男子知道李时珍是个热心肠的好医生，便伸出了手腕，李时珍把完脉后，问道：“你平日筋骨会疼吗？”

“确实偶尔会疼，不过这很常见吧，需要吃药吗？”

李时珍说：“我给你开个药方，你连服 3 剂，可保平安无事。”

中年男子收下了药方，两人就此告别。几个月后，李时珍因外出行医路过中年男子所住的村庄，便向人打听他的情况，结果听到一个不好的消息：中年男子重病在床，腿脚肿得不能下地了。李时珍连忙赶往他家，询问后才知道中年男子当时回家后没有吃他开的药方，等到病情严重了才吃，但已经迟了。

李时珍痛心地说：“你这个病属于筋骨病，因为在水边生活，风里来雨里去，常年下来积劳成疾，很多人会得这种病，严重了可能会瘫痪，甚至死亡。”

中年男子听到这里，后悔莫及，只怪自己没把李时珍的话放在心上。

“很多病如果早发现早治疗，就可以避免发展成大病、重病，这也是我们常说的‘堵蚁穴，防堤溃’。我上次给你开的药方，是治未病，你当时服用才能见效，等到病重了再服用就失去效果了。还好你的病未到晚期，抓紧服药，还是有希望康复的。”李时珍安慰道。

中年男子一家听说男子的病还能治好，都转忧为喜，连忙请李时珍开药。李时珍说：“雨湖的青背鲫鱼可以温中散寒、补虚壮筋，与金荞麦同煮，吃鱼喝汤，连吃一个月以上。”

中年男子严格按照李时珍的吩咐服药，病情果然渐渐好转，后来又能下地干活了。

瘟疫流行期间，因为有很多病人前来求医求药，李时珍家里的草药用得很快，经常不够用，因此，他一有空就到雨湖南岸的山上去采药。有一次，他坐船经过一片芦苇丛时，突然听到一阵凄切的哭声，于是让船夫将船划过去看看。只见一个五十开外的老妇人，正坐在一条破渔船上，怀里抱着一个小女孩，小女孩似乎已经不省人事，老妇人哭得十分伤心。

李时珍关切地问道："老人家，您这是怎么了？孩子生病了吗？"

老妇人看了李时珍一眼，说："我的儿子、儿媳都得瘟病死了，留下我们祖孙二人，以打鱼为生。虽然日子难过，但是只要孩子平平安安地长大，这日子也算有个奔头。我这孙女才 13 岁，今天打完鱼，我们收拾好准备上街卖鱼，她突然说头晕，然后就倒在船上不省人事了。她要是有个三长两短的，我也活不了了！"

李时珍连忙安慰老妇人说："老人家，您别太担心，我给孩子看看。"他跳上渔船，给小女孩把了把脉，见小女孩脉搏滑细如丝，知道小女孩得的不是什么大病，只是因为营养不良，身体虚弱才晕倒的。他在小女孩身上的几处穴位按摩、搓揉了一番，小女孩终于慢慢苏醒过来。

老妇人高兴不已，连忙叫孙女起来拜谢恩人。李时珍又嘱咐老妇人说："这孩子身体没问题，就是太虚弱了，您每天煮些鱼汤，给孩子补补身子吧。"

老妇人连声答应，又从鱼篓里取出两条青背鲫鱼送给李时珍。李时珍婉谢之后，又出发采药去了。

这次抗疫之后，李言闻父子名声大震，方圆百里之内的乡亲都在称颂父子二人的功德。其间，李时珍遇到的许多疑难病症，使他诊治经验日益丰富，疾病治愈率不断提高，开始独当一面为人看病；病人们纷纷送来"妙手回春""华佗再世""救命菩萨"的匾额，感谢李时珍治好了他们的病。这些都使李时珍真切地感受到医生济世救民的价值所在。

白花蛇酒治顽疾

尽管每天忙着为乡民治病，但李时珍一有空便研读各种医药书，充实自己的医药知识。

一次，李时珍在阅读一本医药书时，看到书中说白花蛇"背有方胜花纹"。李时珍不明白这句话是什么意思，便去问父亲。李言闻没有直接回答，只是告诉他说：“你应该去捉一条白花蛇，仔细观察，就会明白是怎么回事了。龙峰山上就有这种蛇。”

实践出真知。李时珍知道父亲是希望他不管遇到什么问题，都要有探究精神，通过实践和观察来解决问题。第二天一大早，他就从家中出发，前往蕲州城北的龙峰山。

他刚走到龙峰山山脚下，就听到前面有人在唱：“白花蛇，谁叫尔能辟风邪，州中索尔急如火，县官派人只逼我，一时不得皮肉破。”他加快脚步朝着声音传来的方向走去，不久便看见一个背着竹篓的老人正沿着山坡往上走。李时珍赶上去打招呼：“请问老伯，您是去捕蛇吗？这山上哪里能找到白花蛇呢？”

老人说：“要找到白花蛇，首先要找到石南藤。这种白花蛇，最爱吃石南藤的叶，所以它们就把石南藤当做自己的家，整天盘缠在石南藤上。”

李时珍知道，石南藤是一种常用的草药，通常缠绕在灌木上生长，藤是紫红色的，叶子圆圆的，呈深绿色，其气味又臭又辣。

“谢谢老伯指教！”李时珍感激地说，“我这次上山就是为了捉白花蛇，我在书上看到说白花蛇‘背有方胜花纹’，想要弄明白这句话是什么意思。”

老人笑道：“这个不难，一会儿我可以帮你捉一条，让你好好看清楚。”

于是，李时珍便跟着老人一起上了山。老人找到了几棵石南藤，发现藤上还真的盘着两条白花蛇。老人蹲下身子，从地上抓起一把沙土，朝两条白花蛇撒了过去。李时珍惊讶地看到，一条白花蛇因为没被撒到沙土，一眨眼的工夫便溜走了；另一条白花蛇被沙土撒中后，就像吃了迷魂药，马上盘成一团。老人眼疾手快，用手中的木叉压住白花蛇的头，另一只手则抓住白花蛇的尾部，这样一来，白花蛇就动弹不得了。

捕蛇老人招呼李时珍过来，然后提起蛇头，让他仔细看。李时珍看后终于明白书上为什么说白花蛇“背有方胜花纹”，原来它的肚皮上有 24 块斜方形的白色花纹。白花蛇的蛇头是三角形的，嘴里长着四颗毒牙，腹部有黑色斑纹。他还发现，白花蛇的鼻孔是朝上的，不像别的蛇，鼻孔朝下。看来白花蛇跟其他蛇确实不一样。

待李时珍看完白花蛇后，老人将它挂在路旁的小树上，然后用刀剖开它的腹部，去掉内脏后再装进竹篓里，手法干脆利落。老人告诉李时珍："这蛇要烘干了才能入药。"

这时，李时珍突然想到一个问题，便好奇地问道："您经常上山捕蛇，要是被蛇咬了，怎么办？"

老人说："捕蛇人被蛇咬是难免的事情，要是被毒蛇咬了，我们会马上摘点药草，将药草捣烂了敷在伤口处，同时生吃一些药草，或者将药草捣烂后产生的汁液喝掉，这样可以延缓蛇毒扩散的时间。"

"这种药草叫什么？"李时珍一听到"药草"二字，双眼顿时放出了光芒。

"叫'半边莲'，有消肿解毒的功效，可以内服，也可以外用。"老人说完，还热心地带李时珍去找这种药草。

李时珍把老人捕蛇的过程详细地记录了下来，此后他上山采药时，也十分注意观察白花蛇的生活习性，为他日后编写《白花蛇传》（也叫《蕲蛇传》）提供了重要材料。

因为白花蛇是名贵药材，所以蕲州的官员经常以向皇帝进贡为借口，挨户摊派，逼着老百姓上山去捉蛇。如果被白花蛇咬到，普通人性命难保，所以很多人选择从蛇贩子那里买白花蛇交差。

有一次，李时珍无意中发现一个蛇贩子卖的白花蛇，与蕲州的白花蛇似乎有些差异。经过询问，他得知蛇贩子卖的白花蛇是从江西兴国县山区捕捉的，这种白花蛇无毒，以虫子和鼠类为食。他从蛇贩子那里买了一条白花蛇，与蕲州的白花蛇进行对比观察，明确了它们的不同之处：

两种蛇都是“黑质而白章”，不过，蕲州蛇比兴国蛇略短小，而且肚皮上有兴国蛇所没有的 24 块斜方格；

两种蛇都有除风湿、筋骨痛的效果，但蕲州蛇的效果更好；

蕲州蛇死后眼睛仍然像活着一样是睁开的，兴国蛇一死就闭上了眼睛；

兴国蛇全国各地都有，数量较多，而蕲州蛇蕲州才有，外地很少见到。

李时珍后来把自己的发现写进了《白花蛇传》中，从此医书中就有了“白花蛇”和“蕲蛇”两种蛇的记载，避免了人们因误用“蕲蛇”而中毒的事情发生，也方便了后世医生的临床应用。

嘉靖二十五年（1546 年），李时珍从湖口行医回来后，打算忙中偷闲，开始写《白花蛇传》。他的父亲很支持他，还跟他讲了一件与白花蛇有关的事情：“你去湖口这段时间，有一家酒坊发生了一件奇事。当时有一对青年男女私奔到蕲州，住进了这家酒坊。男人突然皮肤燥痒，骨节疼痛，不久竟遍体生出疥疮脓癞，被老板赶了出来。女人向酒坊老板求情，酒坊老板便让他们住进了一间放着破酒坛的仓房。他们住进去后，发现破酒坛里还有一点酒，于是，男人每天吃饭时便喝几口……”

李时珍心想，父亲讲这个故事，肯定是与男人的病症有关，便急不可耐地问道：“难道这酒有什么妙用？”

李言闻笑了笑，继续说道：“就像你猜的那样，男人喝了几天酒后，觉得身上的症状似乎有所减轻，于是就继续喝，等把酒坛里的酒喝完，他的病也几乎好了。”

“酒坊老板在制酒的时候，会不会在酒里放了什么药物？”李时珍不解地问道。

“那倒没有，”李言闻摇摇头，继续说道，“不过酒里面确实藏着一个大秘密，男人喝完酒后，发现酒坛底部居然有一条白花蛇。这酒其实是用白花蛇泡的酒。”

“原来如此，这么看来，白花蛇泡酒还能治疗疮毒、癣、癞一类的疾病。”李时珍不由得对白花蛇酒产生了兴趣。

第二天，李时珍来到那家酒坊，向酒坊老板问起这件事。酒坊老板说："当时那条白花蛇身子底下还有一点酒，我都收集起来了。"

李时珍说："我可以看看吗？"

酒坊老板点了点头，领着李时珍进入后室，取出一个坛子，打开坛盖，一股酒香顿时扑鼻而来。李时珍往坛里看去，发现坛底有一条完整的白花蛇，他还亲自尝了尝白花蛇酒。

之后，根据白花蛇的祛风特性，李时珍从龙峰山的捕蛇老人那里买了几条白花蛇，制成白花蛇酒，专治中风、半身不遂等疾病。从此，蕲州地区的人们也有了用白花蛇泡酒治病的习惯。

千里寻访赛华佗

蕲州瘟疫流行期间，李时珍父子行医的水码头，因为往来客商很多，所以仍然十分繁华。这些客商都住在大街上的客栈、旅店里，因为瘟疫蔓延，他们也不可避免地受到了影响，不时有人得病。

有一次，一个来自四川的商人上门求医，李时珍接待了他，经过把脉，他判定四川商人病情严重，已经无药可治，时日无多了。他给四川商人开了一个药方，嘱咐他尽快服用。因为担心四川商人会在半路上去世，李时珍又劝他："这些药你在路上服用即可，不要耽搁太久。你和家人想必也很久没有见面了，快些回去吧。"

四川商人拿着药走了，李时珍心里还在惋惜：一个鲜活的生命很快便要从世上消失了，以后再也见不到他了。出乎李时珍意料的是，一年后，有一次他行走在蕲州的大街上，无意中看到一个人有些面熟，再仔细一看，发现这个人就是当年被他判了"死刑"的那个四川商人。

四川商人也认出了李时珍，高兴地过来与他打招呼。李时珍发现商人面色红润，身强体壮，一点也不像病重的样子。他十分惊奇，问道："你的病好了吗？"

四川商人兴奋地说："是啊，全好了。当初要不是听了您的建议尽快回老家，我这条命就保不住了。您真是我的救命恩人啊！"

"快说说是怎么回事？"李时珍迫不及待地追问道。

商人不慌不忙，娓娓道来："去年我照着您的药方取完药后，就马上收拾行李往家赶。结果才走到夷陵州（治所在今湖北省宜昌市），我的病就加重了。这时有人跟我说，当地有个叫'赛华佗'的名医，可以去找他看看。赛华佗给我看过后，认为我的病治愈的可能性不大……"

李时珍听到这里，忍不住打断四川商人的话，问道："那赛华佗后来给你吃了什么药，把你的病治好了？"

"当时我跟他说我吃了您开的药，并把药方告诉了他，他说幸好我吃了您开的药，不然没到夷陵州我就死了。"商人说。

李时珍听到赛华佗肯定了自己的诊断，心里有几分欣慰。

"赛华佗接着又对我说，这病倒也不是无药可治，要想活命，需要冒一点风险。我想反正都是死路一条，还有什么不敢试的呢。"商人说到这里，苦笑了一下，然后说道，"于是，赛华佗就拿起笔，直接在您开的药方里加了两味药。神奇的是，我服用他新开的药后，没几天就感觉身体有了好转。我又继续服用了一个多月，结果竟然完全康复了。来这里之前，我专程去感谢他，他说我还得感谢您呢。"

四川商人的神奇经历，让李时珍十分倾慕赛华佗的高超医术，他决定上门去拜访赛华佗。李时珍向四川商人问明了赛华佗的住址，与父母和妻子商量后，便踏上了前往夷陵州的路。

他一边走一边问，几经周折，终于找到了赛华佗。但是，有本事的人一般也很有个性，赛华佗性格孤傲，不易接近。当李时珍诚恳地向他表示自己是慕名而来，希望能够向他学习医术时，赛华佗却冷冷地拒绝了："老夫才疏学浅，没什么可教你的，而且我年纪也大了，每天要给那么多人看病，没有工夫教徒弟了。你还是另寻高师吧。"

李时珍好说歹说，赛华佗就是不答应。但李时珍没有放弃，他想只要自己有诚心，一定能够感动赛华佗。于是，他在赛华佗家附近找了个地方住下来。每天一大早，他就起床赶到赛华佗家，帮忙打扫卫生、斟茶倒水、接待病人、研墨展纸……忙完杂务，李时珍看到赛华佗给病人诊断，就静静地站在一旁，观察并记录下赛华佗的诊断过程及用药方法。到了晚上夜深人静的时候，他反复阅读记录下的内容，并对其进行推敲和揣摩。

李时珍的表现，使赛华佗渐渐喜欢上了这个勤快踏实、好学上进的年轻人，开始教给李时珍一些医学知识和治疗技术，并且跟李时珍分享自己的行医经验和医学见解。

李时珍白天帮赛华佗做些杂事，晚上回到住处，便点上油灯，认真阅读赛华佗收藏的医书，有疑问的地方就记下来，第二天再问赛华佗。

有时，赛华佗自己忙不过来，就让李时珍坐在一旁为自己记处方。李时珍记处方的时候，也不是赛华佗说什么就写什么，而是有自己的见解。

一天，来了一个病人，只见他面如土色，肚子胀得圆鼓鼓的，看样子病得很严重。李时珍认为，这个病人要服的药里应该有砒石。这个砒石，经过火炙炼锻后就是砒霜，是一种烈性毒药，病人服用要注意用量。

果然，赛华佗开的处方里面，头味药就是砒石，不过药量是李时珍预想的10倍。李时珍一边写处方，一边暗暗咂舌，但他想到四川商人的经历，知道赛华佗这样用药一定有他的理由，所以没有当场表明自己的疑虑。

赛华佗开好了药方，吩咐李时珍给病人煎好药，让病人留在诊室服药，以便观察病情的变化。结果，病人服药后没多久就痛得捂着肚子喊个不停，赛华佗却表情镇定、胸有成竹地对李时珍说：“你马上给病人准备一个便桶，一会儿能派上用场。”

果然，病人很快就说想要吐、解手，李时珍连忙带他去便桶那里。病人又拉又吐，全身冒冷汗，之后身子往地上一倒，晕了过去。

赛华佗给病人把了把脉，拿来银针，在病人身上的几个穴位处扎了几针，不一会儿，病人慢悠悠地醒了过来，肚子已经恢复了正常大小。赛华佗嘱咐病人回去后先喝些稀饭，慢慢调养一段时间。病人千恩万谢过后，便回家了。

病人走后，李时珍终于向赛华佗提出了自己心中的疑问：“砒石是烈性毒药，您在药中下那么大的剂量是为什么呢？”

赛华佗耐心地解释说：“凡事有利也有弊，但如果时机合适，便可以化弊为利。药物也是一样，砒石有毒，有时却可以以毒攻毒。这个病人需要大拉大泻，所以得大剂量用药，药量小了就达不到目的。”

“原来如此。这么说来，当今皇上服用仙丹也是一样的道理，仙丹里面有水银，水银是有毒的，不可服食，但适量的水银也可以治病。”李时珍说出了自己的理解。

赛华佗一边听，一边点头，接着说道：“就是这个道理。

水银与黑铅结砂，可以镇坠痰涎；与硫黄结砂，可以拯救危病。”

“所以，对于那些有毒的药物，不能一概弃之，只要运用得当，就可以发挥其最大的作用。”李时珍总结道。

赛华佗欣赏地看着李时珍，对他说道：“我看你学得还不错，悟性也好，从明天起，你就跟我一块给病人看病吧。”

李时珍高兴地连声道谢，感谢赛华佗对自己的栽培和指点。

这以后，李时珍开始在赛华佗家中坐堂行医，无论病人的病情是轻是重，他都非常认真细致地给予诊治。经过他诊治的病人，往往是药到病除。

见李时珍短时间内医术有了很大的提高，赛华佗知道自己的这个徒弟可以出师了。这天，结束了一天的工作后，他对李时珍说：“你学得也差不多了，以你现在的能力，完全可以独立行医。不过，学无止境，以后你还得继续钻研医学知识，虚心求教。你是蕲州人，我听说蕲州有位叫李月池的铃医，写过《月池人参传》《蕲艾传》等书，很有名气，你回去后可以找机会向他请教。”

“不瞒您说，李月池正是家父。”李时珍有些不好意思地说。

赛华佗一听，兴奋地说：“你是李月池的儿子？怪不得悟性这么高，你怎么不早点告诉我呢？”

事到如今，李时珍也不隐瞒了，于是将四川商人的故事原原本本地告诉赛华佗，然后说：“听说是您治好了四川商人的病，我真是自愧不如，所以特地前来拜师，但又怕您不肯收我为徒，就没有说明实情，还请您多多包涵。”

赛华佗爽朗地笑道：“你千里拜师，这种精神实在令人钦佩，相信你以后一定会成为一名出色的医生。”

“我一定谨记您的教诲，不辜负您的厚望，做一个救死扶伤的良医。”李时珍拱手道。

随后，李时珍告别赛华佗，回到了蕲州，继续行医，为家乡百姓看病、治病。

以毒攻毒巧用药

在行医过程中，李时珍很注重药性、药理的研究，并且大胆地加以创新。

有一次，李时珍外出给人看病后回家，遇到一个名叫王六的邻居，手里正提着一只鳖。李时珍好奇地问道：“这鳖还挺大的啊，在哪里抓的？”

王六把鳖高高地提起来，乐呵呵地说：“刚在湖边捡到的，今晚煮汤吃。”

李时珍发现这只鳖的甲壳呈红色，想起自己曾经看过宋朝苏颂编写的《图经本草》，里面记载了一种有毒的鳖类，于是提醒道：“这种鳖，土名‘化骨丹’，有毒，不是我们通常食用的那种鳖，你千万不能吃啊。”

但是，王六偏偏不信邪，晚上就把鳖煮了，大吃了一顿。等到上床睡觉的时候，他感觉身上隐隐作痛，紧接着口干舌燥，全身直冒冷汗，哆嗦不止。他渴得实在无法忍受，于是摸到床头，用碗从床边的腌菜坛口边沿舀了些腌菜水，咕噜噜地喝了下去。说来也怪，他喝了腌菜水后，身上很快就不难受了。

第二天，李时珍又见到了王六，王六就把自己昨晚吃鳖后的经历告诉了他。李时珍十分惊奇，心想：这种鳖毒性很大，人如果吃了它，会肠肚溃烂、骨头融化，活不了多久，而王六吃了它却没有死，这是怎么回事呢？难道跟他喝了腌菜水有关？

为了解开这个谜，李时珍对王六说：“我看你能死里逃生，跟喝腌菜水可能有点关系，能让我去你家看一看吗？”

“没问题，跟我来吧。”王六爽快地答应下来。

李时珍跟着王六来到他家中，走到腌菜坛子前，蹲下来仔细观察，结果发现腌菜坛口边沿的水里赫然泡着一条蜈蚣。

王六一看吓坏了，说：“从我家屋顶确实掉下来过蜈蚣，没想到我居然喝了泡蜈蚣的水。”

李时珍却如获至宝，高兴地说：“救你一命的就是这条蜈蚣啊。你吃了毒物化骨丹，然后又喝了毒虫蜈蚣泡的腌菜水，两者都是毒物，正好以毒攻毒。”

回家后，李时珍在《名医别录》里找到了利用蜈蚣的毒性以毒攻毒的论述。后来他用蜈蚣进行试验，证实蜈蚣有祛风、镇惊、止痛、解毒的作用，尤其以金头蜈蚣的药效最佳。

李时珍并没有就此止步，他又冒出了新的想法：既然蜈蚣有止痛、解毒作用，能不能用它的汁液煎煮银针，然后用银针为病人治病呢？经过反复试验，他发现这样做效果很好，并且使用这种银针治好了不少小儿惊风、抽筋、惊吓、偏头疼、恶疮病、蛇咬伤等病症。因为他针到病除，老百姓都称他那根银针为“神针”。

就这样，李时珍一边学习医学知识，一边总结治疗经验，同时大胆创新实践，他的医术也随之不断提高。

在人们的印象中，吃巴豆会让人腹泻，陶弘景在《本草经集注》中也记载：“巴豆最能泻人。”所以，腹泻的时候，肯定不能吃巴豆。但是，李时珍根据以毒攻毒的原则，给家里那头拉肚子的母猪吃了一点巴豆，竟然治好了母猪的腹泻。

由此李时珍认为，虽然人吃巴豆会引起腹泻，但如果吃的量较小的话，反而能止泻，关键在于把握好量。他在自己身上进行试验，逐渐掌握了巴豆的用量。

一次，一位有多年腹痛溏泄病史的老人前来求治。李时珍仔细询问老人之后，得知老人平时只要吃了肉食或者生冷之物，必然腹泻，之前医生给她开的都是调理脾胃的药。但是，老人服药后腹泻症状不仅没有得到缓解，反而更加严重。

李时珍给老人把了把脉，随即开了药方，让老人服用“蜡匮巴豆丸”。

所谓“蜡匮巴豆丸”，就是用蜂蜡封起来的巴豆。病人服下蜡匮巴豆丸后，巴豆进入胃里，因为有蜡皮封裹，不会刺激胃，直到进入肠中才完全化开。

对此，老人的家属有些疑惑，问道：“这个巴豆是泻药，病人本来就腹泻不止，现在再用泻药，岂不是腹泻得更厉害，闹不好要出人命的。”

“我给老人把脉，发现脉象沉滑，说明她的脾胃功能已经长时间受损，有冷气积聚在肠道。腹泻只是病症的外在表现，要想根治，必须先祛除冷积。”李时珍顿了顿，继续解释道，“唐代名医王冰认为，冷积导致的腹泻，应该用热药加以祛除。巴豆这种药气热、味辛，急用可以祛病，少用则有调和之效。”

在李时珍的坚持下，老人按方服了药。结果，老人一连两天没有大便，腹泻从此好了。

后来李时珍又用同样的治疗方法，帮助 100 多位腹泻病人解决了痛苦。

李时珍能够巧妙用药，是因为他刻苦钻研，对疾病的本质有着准确的判断，对药物的特性有着深刻的认识。由于他坚持从实际出发，所以能够用实例纠正旧本草书的错误说法，进而阐述自己的正确见解。

陈家药铺的“神医”

蕲州地区连续3年灾害不断，瘟疫盛行。李时珍和父亲给穷人看病时经常不收费用，甚至拿出家中的钱财、粮食资助他们，帮助他们度过艰难的岁月。这样一来，李时珍一家的生活也日益困难起来。

为了解决生活问题，父子俩经过商量，决定由李言闻留在本地，李时珍则到江西、安徽交界的湖口去行医，这样也许能够增加一些收入。

湖口是长江与鄱阳湖唯一的交汇口，故而得名；同时，它也是江西的水上北大门，素有“江湖锁钥，三省通衢”之称。这里商业繁华，南来北往的旅客很多，倒是个行医的好地方。

很快，李时珍便背着药箱出发了。李言闻将儿子送到码头，嘱咐道：“行医治病是关系到人命的大事，一定要小心谨慎，望、闻、问、切，一个也不能少。否则误人性命，不仅要吃官司，而且天理难容。”

“父亲说的话儿子记住了！”说完，跳上船，朝父亲挥一挥手，“您回去吧！”

李言闻看着船逐渐远去，直到变成了一个小黑点，这才转身回家。

到了湖口，李时珍在大街上转了一圈，发现了一家药店——陈家药铺，于是就在药铺对面的客店中住下来。他想着，这样一来，病人买药也方便。

这天吃过早饭，李时珍打算去陈家药铺看看，突然听到远处传来一阵哀乐声，紧接着出现了一支抬棺送葬的队伍，大家一脸哀容，默默地流着泪。等到送葬队伍从药铺门前经过时，李时珍无意中发现，棺材居然还在往外滴血，而且滴的是鲜血，不是淤血。他向周围的人打听了一下，得知死者是一个产妇，因为难产失血过多，不幸去世。多年的行医经验，使李时珍立刻意识到——棺材里的人还有救。

他马上朝送葬队伍喊道：“停下，停下，快将棺材放下来。”

大家都十分吃惊地看着他，以为他疯了。死者的丈夫走过来，说：“你想干什么？不知道封棺后再打开是很不吉利的事情吗？”

李时珍连忙解释道："您的妻子是因为难产，疼痛难耐而晕了过去，处于一种假死的状态，还有救。您快让人把棺材打开，我给她检查一下，就知道能不能救活了。"

死者的丈夫半信半疑，但看见李时珍一副急不可耐又古道热肠的模样，便让人把棺材抬到僻静背风处，再撬开棺盖。

棺盖打开后，只见产妇双目紧闭，神情痛苦，似乎一点气息也没有。李时珍扒开死者前襟，按住其胸口，感觉还有余温，于是从药盒里拿出银针，果断地在产妇的心窝处扎了一针，然后又在产妇身上的其他穴位相继扎入银针。他手脚麻利，动作娴熟，众人屏住呼吸，在一旁静静地看着。

过了一会儿，产妇长长地呼了一口气，接着慢慢睁开了双眼。围观的人十分诧异，纷纷喊道："人活了！人活了！"产妇被众人抬进屋子，顺利地生下了孩子，孩子响亮的啼哭声传遍整条大街。

大家纷纷赞道："真是神医在世啊！"产妇的家人大喜过望，纷纷跪在地上向李时珍道谢。

之后，李时珍医术高超，一针救下两条性命的神奇故事就在湖口传开了。很多人都慕名前来找他看病，就连没病的人也想见一见这位神医。

因为来找李时珍看病的人络绎不绝，附近的陈家药铺也沾了光，卖出去很多药，挣了不少钱。药铺老板准备了一桌酒席，打算请李时珍过来吃饭。但是，药铺老板的儿子对李时珍有点不服气，认为李时珍不过是在吹牛罢了，于是把他父亲准备好的酒菜全都吃完，还喝了个酩酊大醉。李时珍来到药铺的时候，他正打着饱嗝招呼买药的人。药铺里的客人听说李时珍来了，都围过去找他看病。药铺老板的儿子也想挤过去看热闹，就用手撑着柜台，从柜台里纵身跃出，不料用力过猛，身体失去平衡，他重重地摔倒在地上，好半天才爬起来。

药铺老板的儿子觉得腹部隐隐作痛，但自恃年轻力壮，没有在意。他挤到李时珍面前问道："听说你能观面色、断生死，那你看我有什么病吗？"

李时珍见他脸色不太好，赶忙给他把脉，然后严肃地说："年轻人，我也不拐弯抹角了，实话告诉你吧，你最多只有3个时辰可活了。"

药铺老板的儿子一听气坏了，破口大骂道："你这个骗子，算是哪门子的神医啊？我刚刚喝了半斤酒，吃了四碗饭，体壮如牛，生龙活虎，还能从柜台里跳出来，你说我3个时辰内就会死掉，我倒要看看，阎王爷收不收我。你给我等着，3个时辰后，看我不把你打得满地找牙……”

大家也觉得李时珍说得有些过分，觉得天下哪有像他这样当面咒别人死的，于是都劝药铺老板的儿子别与李时珍计较。在大家的劝说下，药铺老板的儿子才没有继续闹下去。

出乎大家意料的是，没过多久，药铺老板的儿子突然倒在地上，用手捂着肚子翻滚起来，脸上流露出痛苦的神情。

药铺老板急忙向李时珍求助，李时珍叹了口气说：“你儿子吃得太饱了，然后又用力从柜台里跳出来，不幸摔倒。这一摔就摔断了肠子，内脏受损破裂，他脸色都变紫了。食饱肠断，这种情况就算华佗转世、扁鹊再生，也无能为力了。”

果然，差不多3个时辰后，药铺老板的儿子就断气了。

这件事让人们见识了李时珍的神奇医术，对李时珍佩服得五体投地，说他“死人能治活，活人能断死”。

开奇方戏弄贪官

经过人们的口口相传，李时珍在湖口名声大震，不少官吏也慕名前来请他看病。李时珍不仅医术高超，而且为人正直，嫉恶如仇，对于贫苦百姓，他总是耐心、热情地给他们看病；对于那些欺压百姓的贪官污吏，他则恨之入骨，给他们看病自然也不那么热心。

有一次，婺州（今浙江省金华市）荀县知县荀步云到湖口游览石钟山，听湖口知县说本地有个神医叫李时珍，医术高超，便叫手下人去请李时珍来给自己把脉，看自己有没有什么隐疾。

荀步云平时利用职权牟取私利，贪污受贿，欺压百姓。李时珍对荀步云贪赃枉法之事略有耳闻，决定乘此机会整治一下他。

李时珍来到荀县的衙门内，只见荀步云一脸横肉，肥胖如猪，半躺半坐在太师椅上。李时珍走过去，先为他把了把脉，然后说道："大人身体没有什么大毛病，只是胃口不佳，睡眠不好，身体发沉无力，有些健忘而已。”

苟步云一听，顿时小鸡啄米似的一个劲地点头：“你说得太对了，我听湖口县令说你是神医，果然名不虚传啊。你快说说，我为什么会这样呢？”

“大人一定是忧国忧民，积劳成疾。”李时珍煞有介事地说道。

苟步云装模作样地叹了口气，说：“本官一向爱民如子，为了百姓，吃再多苦也是应该的。”

李时珍乘机说道：“大人辛苦了，您的病不严重，不过想根治的话，需要服用我的药方长期治疗，就是不知道大人能不能坚持？”

“只要能把我的病治好，什么要求我都能做到，要金有金，要银有银，你说吧。”苟步云一脸急切地说道。

李时珍严肃地说：“给人治病，我从来不收取额外的报酬。只要您严格按照我说的去做，我连诊费都可以不收。”

“行，我一定按照你说的去做。”苟步云信誓旦旦地说。

李时珍随即给他开出了药方：

第一，不吃鱼，不吃肉，饿了去穷人家讨菜馍，但要加倍付钱。

第二，每天步行 30 里，不骑马，不坐轿，到民间老百姓中间去走一走，看一看。

第三，高价收购穷苦农夫、车夫、轿夫、渔夫的那些留有汗渍的破毡帽，烧成细灰，与蜂蜜一起调成明芝明膏（暗指民脂民膏），每天坚持服用。

李时珍将药方递给荀步云，说道："这个药方很简单，一不用服药，二不用扎针，三年为一个疗程。只要你按照上面的 3 个要求去做，保证您百病不生，健康常在。"

荀步云拿过药方仔细看了看，顿时明白了李时珍是在指责和捉弄自己，只敷衍几句便把李时珍打发走了。

和荀步云一样，湖口知县也是个贪官。李时珍刚到湖口行医时，有人劝他给湖口知县送点礼，不然在湖口会难以立足。但李时珍向来不怕官府、不畏权贵，所以没有理会。不久，湖口知县的生辰到了。李时珍本来不打算给他送礼，但无意间听人说湖口知县不久前生病了，还吐血了，于是想到一个主意，买了二两中药黄精，精心包装好后在礼单上写上"黄金"二字，请人送过去。

湖口知县收到礼物后，看见礼单上写着"黄金"二字，顿时眉开眼笑。他迫不及待地打开盒子，结果发现里面只有一包中药，哪来的黄金？湖口知县气得暴跳如雷，马上派人把李时珍叫过来，厉声质问道：“你好大的胆子！居然拿中药当寿礼，是何居心？”

“大人，我在贵县行医讨食，童叟无欺，哪敢有什么坏心？这中药叫‘黄精’，可安脏腑，润肺生津，是医治五劳七伤的大补之药。我听说大人年轻时刻苦攻读，废寝忘食，冷一餐热一顿的，伤了脾胃，虽然治愈了，但是病根不容易除掉。所以，我特地采来百年黄精，诚心诚意地送给大人贺寿。”李时珍不慌不忙、一本正经地回道。

湖口知县听了李时珍的解释，火气倒是消了一半，不过看见礼单上的“黄金”二字，顿时又怒上心头：“你送黄精就送黄精，为什么要将黄精写成‘黄金’呢？是想戏弄本官吗？”

“大人息怒，我确实是故意将‘黄精’写成‘黄金’的，这里有3层意思：第一，黄金虽然贵重，但却不能让您身康体健，而中药黄精却能让您延年益寿，价值远胜黄金；第二，‘黄精’与‘黄金’，读音相似，换作其他人，就算用黄金也买不走我这百年黄精；第三，如果我不把‘黄精’写成‘黄金’，恐怕大人的仆从也不会收下这比黄金还贵的黄精了。”

湖口知县听了李时珍的话，一时无言以对。

话说回来，李时珍的做法虽然有戏弄湖口知县的成分，不过，黄精在他看来确实是好东西，是补气益肾的珍贵药材，南北朝著名医药学家陶弘景甚至称其为“仙人余粮”。后来，李时珍在《本草纲目》中评价黄精的功效时指出：（黄精）能补中气，除风湿，安五脏，补五劳七伤，益脾胃，润心肺。

从这两个小故事中，我们可以看出李时珍嫉恶如仇、不畏权贵的个性，同时他又有同情百姓疾苦、体恤天下苍生的医者仁心。

历史知识小贴士

国子监

国子监是中国古代的教育管理机构、最高学府。“国子”泛指贵族子弟，“监”是监管督查的意思。国子监起源于两汉时期的太学，晋武帝司马炎设立国子学，隋炀帝时改称国子监。明代的国子监规模非常宏大，分南、北两监，分设在南京与北京。南监建于明洪武十五年（1382 年），北监始建于元大德十年（1306 年），明永乐元年（1403 年）进行扩建。

国子监的学生被称为“监生”，主要学习“四书”“五经”，同时也学习律法、术算、书法等课程。国子监的学生来自全国各地，清代时还接收外国留学生。清光绪三十一年（1905 年）设立学部，国子监被取消，从此退出了历史舞台。

华 佗

华佗（约 145—208 年），沛国谯县（今安徽省亳州市谯城区）人，东汉末三国初的著名医学家。华佗通过数十年的行医实践，掌握了针灸、外科手术等治疗手段，他擅长外科，并精通内科、妇科、儿科、针灸科，为病人治病不仅方法简捷，而且诊断精确，疗效迅速，常常是手到病除，当时的人都称他为“神医”。

华佗最重要的贡献是发明了医用麻醉药物麻沸散，运用麻沸散为病人施行腹部手术，开创了用全身麻醉法施行外科手术的先例，比西方使用的首例全身麻醉外科手术要早 1600 多年。他还模仿虎、鹿、熊、猿、鸟的动作姿态，编排了一套健身操——五禽戏，帮助人们锻炼身体，延年益寿。

东汉丞相曹操听说华佗医术高超，就派人去请华佗当他的私人医生，专门为他看病。华佗不愿意，最终为曹操所害。华佗为中医的发展作出了杰出贡献，后人尊称他为“外科鼻祖”“外科圣手”。

第四章

辞官还乡，济世救民

自嘉靖三十年（1551 年）和嘉靖三十四年（1555 年），李时珍接连治好了富顺王世子、楚王世子的怪病，名声越来越响亮。随后，他被楚王推荐到京城太医院任职。但是太医院的太医们趋炎附势，天天想着研究仙丹灵药以献媚讨好皇帝。李时珍不愿与这些庸医同流合污，便托病请辞，回到家乡创立了东璧堂，继续坐诊行医。

富顺王府治世子

到嘉靖二十五年（1546年）秋末，李时珍在湖口行医已有10个月的时间了。这时正是药草成熟的季节，他抽空采集了很多药草标本，然后带着这几个月在湖口行医攒下的积蓄以及搜集的单方、验方，回到蕲州与家人团聚，并打算开始编写新的本草书。

此时，李时珍的名声越来越响亮，当地的王侯、官员也都很重视他，经常请他去看病。李时珍虽然蔑视权贵，不愿与他们来往，但他严守医德，对病人一视同仁，从来不分尊卑贵贱，所以他只是治病救人，既不奉迎权贵，也不接受额外的财物。

这一时期，由于求医问药者络绎不绝，所以李时珍一时无暇顾及重修本草书，只是忙里偷闲整理了《蕲蛇传》。

嘉靖三十年（1551年），封地位于蕲州的富顺王朱厚焜，派人来请李时珍给自己的世子治病。其实，王府的奉祠所就有不少医官，富顺王为什么不请这些医官，偏要请李时珍这个民间大夫来给他的世子治病呢？

原来，富顺王朱厚焜的世子得了一种奇怪的病——异食癖，他特别喜欢吃蜡烛灯花（蜡烛灯芯余烬结成的“花”）。以前，他非常爱吃山珍海味，现在对这些都不屑一顾。

世子的这个怪癖越来越严重，整日里他什么也不做，就盯着蜡烛灯头，只要出现烧焦的灯花，他就马上令丫环将灯花弄下来给他吃，丫环动作稍慢一点，他就哭闹不止。王府奉祠所的医官们都束手无策，富顺王找了很多府外的大夫来给世子治病，但他们都搞不清楚这孩子为什么喜欢吃蜡烛灯花，只能推说“世子中邪了”。富顺王情急之下，让世子服食了金丹，但仍然无济于事。世子变得面黄肌瘦、憔悴不堪，每天无精打采、昏昏沉沉，王府上下急成一团。

这个时候，李时珍治愈很多疑难杂症的传奇事迹传到了富顺王耳中，于是他就派人去请李时珍来给世子诊治。

李时珍来到富顺王府时，世子正闹着要吃烧焦的蜡烛灯花。王妃面带愁容坐在一旁，见李时珍来了，连忙让丫环把蜡烛端走。世子见状，立刻大哭起来。

王妃好不容易才把世子哄好了。李时珍先给世子把脉，然后按摩他的胸腹，最后断定世子的肚里生虫了。

听见李时珍问给世子用过什么药，王妃就将李时珍领到一个小厅里，王府里的几位医官正等在那里，他们把药方递给李时珍。

李时珍仔细看了看药方，问道："请问药方是哪一位开的呢？"

一阵短暂的沉默之后，一个医官开口说道："这药方是我们一起商量后开的，有什么不妥吗？"

"世子脸色苍白，而且有阵发性腹痛，有时大便里还有虫。他肚子疼，显然是虫子在作怪。现在看来，他爱吃灯花也是因为他肚子里的虫子喜欢吃这种东西。"李时珍有理有据地分析道，"你们这药方里有人参、白术、灵芝一类的补药，而这些补药都是虫子爱吃的，结果呢，这些补药不仅没有起到治病的作用，反而让虫子更加活跃、繁殖得更快。"

王妃认为李时珍说的有道理，赶忙请求他为世子开药方。

李时珍稍作思考，开了几副杀虫催吐的药。世子服药后，又吐又拉，排出了很多死虫。虫子排出后，他再也不想吃蜡烛灯花了。

富顺王夫妇见世子的病终于好了，非常高兴，命人捧出重礼赠给李时珍，李时珍婉言谢绝了。

这以后，李时珍便经常出入富顺王府。王府上上下下、男女老少得了病，一般都要请李时珍去医治。

楚王府的奉祠正

嘉靖三十四年（1555 年），李时珍治好富顺王世子怪癖的事情传到了楚王朱英㸅耳中，楚王便派人带着重礼从武昌到蕲州，请李时珍为他的世子治病。

楚王朱英㸅是明太祖朱元璋第六子朱桢的后人，封藩在武昌，在武昌地区声名显赫。楚王世子得的是一种难以治疗的气厥病，每次发作时，他就两眼翻白，栽倒在地，不省人事。

李时珍来到楚王府，见过楚王和王妃后，开始给楚王世子诊治。他给世子把脉，让世子睁大眼睛，仔细看了看世子的眼球。稍作思考，李时珍告诉王妃让仆人找来几株韭菜、菖蒲，将韭菜、菖蒲分别捣烂成汁，先让世子服下菖蒲汁，接着又以醋调和韭菜汁，将汁液滴入世子的鼻子中。

不一会儿，世子开始呕吐，而且越吐越厉害，眼中流泪，身上汗流不止，最后竟然昏迷过去了。王妃见状，吓得搂着世子直哭。仆人们赶紧跑到楚王那儿，将情况禀明楚王。

楚王又惊又怒，立即吩咐仆人将李时珍叫来，大声说道："李时珍，都说你医术高明，手到病除，怎么世子服了你开的药，吐得天昏地暗的，眼下正有性命之忧！你给我说说，这到底是怎么回事？"

李时珍面不改色、不慌不忙地说："王爷息怒，我正要给王爷贺喜呢！"

楚王一听更加恼怒了，他用手指着李时珍，双眼圆睁，厉声吼道："岂有此理？世子让你治成这样了，你还说要给我道喜，是何居心？"

"世子吐了是件好事，这一吐他郁结于体内的逆气、痰液大都吐出来了。三炷香过后，世子自会醒过来，王爷不用担心。"李时珍不慌不忙地说。

楚王闻言一愣，继而说道："哼，你又在胡说八道！三炷香过后，世子如还昏迷不醒，我再找你算账，看你有几颗脑袋！”

楚王吩咐随从将李时珍带到庭院中，等待发落，然后又叫人在世子的卧室里开始点香。第一炷香燃完了，第二炷香也燃完了，第三炷香开始燃烧了。大家都屏住呼吸，整个院子里静悄悄的，静得似乎连一根针掉落在地上的声音都能听见。

眼看第三炷香快要燃完了，突然，从世子的卧室里传来一阵轻微的呻吟声，原来是躺在王妃怀里的世子醒过来了。世子睁开眼，朝着王妃低声喊道：“母亲。”

王妃见世子终于醒了，激动得流下了两行热泪，众人也都松了一口气。楚王转怒为喜，笑着对李时珍说：“刚才错怪了你，大家都说你医术高超，是华佗再世，现在看来，确实名不虚传。”

李时珍苦笑了一下，说：“说我华佗再世可不敢当，治病救人、救死扶伤是我们做医生的职责。”

接着，李时珍又开了几剂药，嘱咐王妃将药煎好，按时让世子服下，以帮助世子调理身体。这样过了一个月，世子的身体终于恢复了健康。

李时珍见世子的病已痊愈，便向楚王辞行。楚王见李时珍医术高明，有心将他留在府中为己所用；同时也担心世子旧病复发，到时无人能治，所以更不愿意李时珍离开。

于是，楚王对李时珍说："你治好了世子的病，我和王妃都很感激你。我本来打算赏赐你一些珠宝，但听说你为人治病从来不多收人家的钱。这样，我就赏你一个官职，让你担任府上奉祀所里的奉祀正，你看怎样？"

李时珍不愿与楚王这样的达官贵人来往，更不愿待在王府中为楚王服务，他心中想的是天下百姓，他要四方行医，为天下百姓看病治病，解除他们身体上遭受的痛苦。但此时李时珍已经有了重修本草书的意愿，为实现自己的抱负，他早就读完了父亲的著作和藏书，还利用种种关系读了蕲州四大乡绅中顾、郝两家的藏书，前段时间又把富顺王府的藏书也读完了。

李时珍对楚王府的荣华富贵并不感兴趣，准备拒绝楚王的要求。但是他转而一想，武昌是集聚人才的宝地，在这里能够接触到来自各地的良医，相互间可以切磋医技，提高自己的医术；另外，楚王又是皇帝的近族，当年被朝廷封赏，除了获赠一些土地、财物外，也受赏了不少图书、文物，其中就不乏医学、医药方面的书籍，如果留在王府中，可以借此机会阅读这些书籍，对自己重修本草书很有帮助。

想到这里，李时珍也就客气了一下，答应了楚王的要求，就任奉祠正一职，兼管王府的良医所事务。奉祠正是一个正八品的官职，专门负责王府的祭祀、典礼以及治病、司药等事务。虽然官位不大，但是事务很繁杂。

只要一有时间，李时珍就如饥似渴地阅读王府中收藏的医学、医药书籍，其中有不少是典籍，甚至是宋、元以来的孤本。

李时珍在楚王府待了几年，读了很多医学、医药典籍。比如陶弘景的《名医别录》、孙思邈的《千金方》、苏颂的《本草图经》等。此外，他还读了不少经史百家、稗官野史、方志、药谱、图谱类的书籍，比如刘攽的《芍药谱》、沈立的《海棠记》、范成大的《范村菊谱》、戴凯的《竹谱》、叶廷圭的《名香谱》和苏易简的《纸谱》等，这些谱录著作为他后来考证各类药物名实提供了很大帮助。

观音阁里遇知音

在楚王府任职期间，李时珍除了给王府的人看病，在节日或楚王、王妃生辰庆典时忙碌一阵外，并无其他具体事务可做，倒也清闲自在。

由于楚王真正宠信的是府中的一些炼丹道士，而李时珍是反对炼丹的，所以时常遭到炼丹道士们的刁难。不过他也不太在乎，没事的时候便阅读王府中的藏书，还经常到市场上和药商们探讨交流；或者上山采药，深入研究药物的特性；或者外出观赏附近的名胜古迹，比如大洪山、黄鹤楼都有他的足迹。

黄鹤楼位于长江东岸的蛇山上，楼前还有一座观音阁。这座观音阁也是李时珍经常光顾的地方，倒不是因为观音阁景色最好，而是因为他在这里遇到了一位略懂医药的老和尚，两人志趣相投，建立起了深厚的友谊。

此时楚王因为迷信丹药，脑子里只有炼丹、服丹、长生的事情，其他事情很少关心，所以李时珍在干什么，他也根本顾不上问。

李时珍在楚王府待了3年，多数时间都待在蛇山的观音阁里，与老和尚交流行医问诊的相关问题。

一天，李时珍和老和尚聊起了茶叶的解毒功效，这还是他无意间的一个发现。他对老和尚说：“这茶叶啊，是种好东西，有解毒的作用。”

老和尚说：“是吗，你是怎么发现的？”

“你也知道，我为了掌握草药的功效，每次发现新的草药都要亲自尝一尝，有时就难免遇到危险。那次我尝了一种草药，结果全身都肿了起来，走路也很困难。很明显，这草药有毒，可惜我发现得太迟了。”李时珍喝了一口茶，继续说道，“因为不知道怎样才能解毒，我只能听天由命，躺下休息，就这样，我迷迷糊糊地睡着了。不知过了多久，我感到有树木的枝条在轻拂我的脸，于是顺手扯了几片叶子，放进嘴里咀嚼。我发现这种树叶苦而不涩，有一种清香，便扯了一大把，都嚼着吃了，之后我又昏昏沉沉地睡着了。”

“你为了搞清草药的功效，每次发现新草药都要亲自尝一尝，真是明知山有虎，偏向虎山行，太令人佩服了！”老和尚发自内心地称赞道。

李时珍摆摆手说：“这算不得什么。等我再次醒过来时，发现自己身上已经不肿了，我从地上爬起来走了几步，一切如常，身上没有任何不舒服的感觉。我仔细察看了周围的树，原来是一丛茶树。”

“看来是这茶树叶救了你。”老和尚猜测道。

李时珍点点头，说：“我也是这么认为的。为了验证药效，我又吃了一点有毒的药草，等到身体不舒服时，再摘了一把茶叶吃下去，果然，身体不舒服的症状渐渐消失了。后来我又多次试验，确定茶叶有解毒的功效。”

老和尚说：“怪不得古人说经常喝茶可以轻身换骨，羽化成仙。”

“古人的说法并非毫无根据，我后来在《本草拾遗》中看到，诸药为各病之药，茶为万病之药。茶确实是好东西，所以很多人天天喝茶，没事就喝茶。”李时珍称赞了茶叶一番，转而又说，“不过，茶水虽好，饮用也不宜过量。我年轻的时候喝茶，一次就要喝上几碗，直到全身发汗，感觉浑身都轻松爽快了。但是到了中年以后，胃气稍弱，如果大量地喝浓茶，就会感到恶心想吐，或者腹冷腹泻。”

“这是为什么呢？”老和尚不解地问道。

李时珍解释说："从中医学来看，茶苦而寒，属阴中之阴，最能降火。但虚寒血弱的人，饮茶过多，会导致脾胃恶寒、元气暗损。有的人嗜茶成瘾，长期下来伤肾伤精，脸色发黄，面容憔悴，实在令人惋惜。"

老和尚听了恍然大悟："原来饮茶也有学问，我有时会腿脚肿胀，甚至恶心想吐，看来都是饮茶过量的缘故啊。"

从此，老和尚对李时珍更加敬佩。李时珍也常向老和尚请教佛家静心养气、磨炼心性的修心之道。渐渐地，附近的老百姓都知道观音阁来了位神医，生病了就直接来找李时珍看病。李时珍虽然在楚王府任职，但是他更愿意为贫苦百姓看病，所以常常借采药、买药之名，到观音阁替百姓诊病，并且经常不收穷苦病人的钱。日子久了，观音阁几乎成了李时珍的义务诊所。

老和尚见李时珍每次来观音阁，顾不上休息就马上为百姓看病，便劝他要注意身体，适当休息。但李时珍笑着说："我学医本来就是为了救死扶伤，看到病人们挣扎在贫穷、病痛与死亡的边缘，我不能视而不见，悠闲度日。能够帮助他们恢复健康，我心里高兴，便一点也不觉得累了。"

老和尚点点头说："李大夫医术高明，更难得的是还有菩萨心肠，这真是苍生之幸啊！”

在武昌楚王府的几年间，李时珍虽然远离家乡，但能阅读大量医学、医药典籍，还有三两知己可以往来，更有余力救助百姓，日子过得倒也愉快、充实。

太医院的六品官

在楚王府期间，李时珍对一件事始终念念不忘，那就是重修本草书。他也曾找机会劝说楚王启奏朝廷重修本草书，但是楚王一听他的提议，就给他泼了一盆冷水：“当今皇上要的是仙丹灵药，哪会在意什么本草不本草的，本王可不想自讨没趣。”

失望之余，李时珍产生了离开楚王府的想法，觉得再在这里待下去也没有什么意义。有时，他登上离楚王府不远的黄鹤楼，远眺长江的壮美景色，口中情不自禁地吟诵起盛唐诗人崔颢所题的诗：

昔人已乘黄鹤去，此地空余黄鹤楼。

黄鹤一去不复返，白云千载空悠悠。
晴川历历汉阳树，芳草萋萋鹦鹉洲。
日暮乡关何处是？烟波江上使人愁。

想到自己重修本草书的工作一直没有什么进展，而自己宝贵的年华就像黄鹤一样一去不复返，李时珍心里难免有些着急。到嘉靖三十七年（1558 年），李时珍多次向楚王提出请求，要求离开王府。

恰巧这时，朝廷下令让各地官员推荐名医，填补京城太医院的缺额。医术精湛、医德高尚的李时珍，此时已经声名远扬，湖北一带的百姓们都知道蕲州出了一个神医叫李时珍。楚王虽然有意留李时珍在府中长期供职，但是担心百姓们会将此事传到朝廷上去，到时皇上怪罪下来，自己可吃不了兜着走。于是，楚王顺水推舟，推荐李时珍到京城太医院供职。这样，李时珍可以自己去呈请皇帝重修本草书。

李时珍也认为京城太医院聚集了全国大量重要的医药书籍及名贵药材，对于自己研究药草、修订本草书有很大帮助。而且太医院是天下名医向往的地方，李时珍自然也心驰神往，便接受了楚王的推荐。

嘉靖三十八年（1559 年），42 岁的李时珍怀着重修本草书的愿望，从武昌启程，一路北上，来到北京。

李时珍想到自己早年数次到武昌参加科举考试，就是为了去京城当官，改变家族世代行医的命运，可是没有成功，如今十几年过去了，自己竟意外得到了从武昌前往京城供职的机会，内心不禁感慨万分。

进入太医院后，李时珍成为一名六品官，任院判一职，主要负责太医院向宫廷供应医药与御医的配置。

关于李时珍在太医院担任的官职，史学界有诸多争论，有人认为他只担当过御医（正八品）。尽管官阶品级有争议，但他在太医院工作过是无可争议的。

当时，太医院的很多医官整天都在想着如何研究仙丹灵药，试图研制出能够让人长生不老的仙药，奉迎讨好皇帝。李时珍对这些人的做法非常反感。崇尚科学、追求真理、注重实践的他，与这些人可谓格格不入。

在太医院期间，李时珍利用这里优越的学习环境，一头扎进冷冷清清的藏书楼中，在里面饱览了皇家珍藏的丰富的医药典籍，其中就包括《本草品汇精要》这种大型本草书籍。

太医院的药房及御药库收藏着民间见不到的很多药材，包括各地进贡的名贵药材和从西洋进口的药材，这使他开阔了眼界，增长了药物知识。

李时珍还寻访京城著名的药堂、药铺、医馆，认识了上千种中药饮片，学会了鉴别、筛选、炮制丸散膏丹技术，并由此结识了一些京城颇有名气的医生。他虚心向他们请教，对望、闻、问、切的诊断方法和阴阳五行八卦的基本理论有了更深入的了解。他还到西山一带采集苍术、桔梗、白芷等草药标本。北方的植被种类与南方大不相同，很多草药李时珍只见过风干成形的药材，现在能见到实物，他感到兴奋不已。

太医院丰富的书籍、药材资源，使李时珍对于重修本草书信心倍增。在大量阅读医学、医药书籍的过程中，李时珍发现了典籍中的很多错误。他想起以前病人因误吃虎掌而险些丧命的事，想起古医书上那些药物混记混用、主次不清、图文不一等情况，感到自己重任在身，有必要对古医书进行一次全面、系统的修订。他带着从书中发现的问题，认真仔细地比较、鉴别各地的药材，嗅闻它们的味道，有时甚至掰下一小块药材放进嘴里嚼，来鉴别味道，对它们的形态、特性和产地等都做了详细的记录。

不久，李时珍以满腔热情，将自己打算修订本草书的建议上报太医院院使（相当于院长），他在禀帖中详细说明了重修本草书的必要性和有利条件，院使却说："前人的经典怎么可以随意改动呢？"

"不可否认它们是经典，但是这并不代表它们就没有错谬之处。古人说灵芝是瑞草，吃了可成仙，实际上灵芝是'腐朽余气所生'，说吃它能成仙纯粹是在自欺欺人；还有泽泻，一般用于利水消肿，《神农本草经》却将它列为上品，说久服能轻身，让人面部生光，能行于水上，这显然是无稽之谈，但陶弘景、苏颂等医学名家也都相信这样的说法。陶弘景是我很佩服的一位前辈，可是他说人吃巴豆会死，老鼠吃巴豆则可以长到二三十斤重。这些情形与医药之理是完全相悖的。"李时珍旁征博引，有理有据地说道。

院使冷眼看着李时珍，感觉自己的权威受到了冒犯，不高兴地说："你还是先干好本职工作吧，不要多管闲事！"

实际上，即使李时珍有机会将自己重修本草书的建议上报于嘉靖帝，迷恋丹药的嘉靖帝也未必会听取。

挺身而出反炼丹

在太医院待了一段时间后，李时珍发现，太医院被一些庸医弄得乌烟瘴气，而且嘉靖帝愚蠢昏庸，热衷方术，不惜耗费大量的金钱财物修仙炼丹，寻求长生不老之术。所以朝廷上下，真正受到礼遇和信任的是那些炼丹的道士。道士们在京城四处修建神殿，又在皇宫内设雷坛，大肆炼丹，京城里整日烟火熏天，四处飘散着刺鼻的丹药味。

作为一名医生，李时珍深知服食丹药的危害，但在当时，说真话需要勇气。

太医院的医官们为了迎合、取悦嘉靖帝，终日谈论“天仙地仙”等虚无缥缈的东西，许多太医也服食丹药。他们从全国各地收集“仙方”“丹方”，还翻遍了历代的本草古籍，引经据典，说人服食某种东西就可以长寿不死。有的说“久服水银，可以长生不死”，有的说“炼食硫磺，可以长肌肤益气力”，有的说“灵芝是仙草，久食可以延年益寿”……

一时间，各种长寿之说甚嚣尘上，“九转丹”“六一泥”之类的丹药也充斥市面。

嘉靖帝天天服食“仙丹”，比吃饭还积极。但这些“仙丹”并不是什么好东西，因为它的主要成分是水银、铅、丹砂、硫黄、锡等，与其说是“仙丹”，还不如说是毒药。水银是极毒的东西，人服食一定量的水银，会因其“入骨钻筋，绝阳蚀脑”而死。所以，服用仙丹无异于在慢性自杀。

嘉靖帝因为长期服用“仙丹”，身体每况愈下，一日突然高烧不退，全身酸痛，请了几个御医前去诊治，但都没有效果。

那天，李时珍正在太医院的藏书楼里摘抄一些药学内容，一个小太监匆忙跑进来对他说：“李太医，你快准备一下，跟我去西苑走一趟。”

李时珍赶忙整理衣帽，带上药箱，跟着小太监赶往西苑。他一边走，一边想着药书中的谬误，很快便来到了一座庭院。只见庭院中摆着几座炼丹炉，烟雾弥漫，还散发出一股呛鼻的怪味。李时珍皱了皱眉，这显然是太医院的人在忙着为皇上炼制“仙丹”。为了炼制这些“仙丹”，朝廷每年都要从各地征集许多水银、雄黄、砒霜等物品，劳民伤财，费时费力，给老百姓造成了沉重的负担。

等进了一间雕龙画凤、装饰华丽的屋子，太医院的院使从帷帐后面牵出来一根红色丝线，递到李时珍手里说："先诊脉吧！"

在封建社会，帝王认为自己是金身玉体，不能让身份低微的医生触摸，但他们得了病，又不能不让医生诊治。于是，御医们就发明了这种丝线诊脉法，当然，这个只是用来做做样子，主要还是通过问病和观察面色来诊断。李时珍到太医院以后，曾经用这种方法给宫廷里的官员诊治疾病。

李时珍接过丝线后，用左手将丝线慢慢拉直绷紧，然后将右手的食指和中指轻轻按在丝线上，开始诊脉。可是这人的脉搏似乎有些特殊，他眉头紧锁，一直不能确诊。太医院的院使在一旁不停地催促，李时珍的额头上开始渗出汗珠，起身说道："我生平第一次遇到这么奇怪的脉象，我无法确诊。"

太医院院使听后生气地说："作为太医院的御医，你居然做不出诊断，你可知帷幕后让你看病的正是当今圣上？"

李时珍正不知所措时，手里的丝线突然被扯走了，接着他就看见一只小花猫从帷幕后跑了出来，腿上正系着一根红丝线。原来，嘉靖帝是故意这样做的，目的是测试御医们的本事。

于是，李时珍又重新给嘉靖帝诊脉，然后开了两剂退烧及消解金丹的药。嘉靖帝服药后，终于退烧，又服了一剂，龙体痊愈，身心舒畅。

嘉靖帝龙颜大悦，召见了李时珍，说道："看来，你精通脉学，朕听说你医术高明，死人都能救治，想必也懂得一些长生之道吧？"

李时珍说："长生之道，离不开五谷和水，饮食结构要合理，方法要得当。"

"那么仙丹呢，难道仙丹不能让人长生吗？"嘉靖帝反问道。

李时珍严肃地说道："秦汉时开始流行服金、服丹成仙之说，之后一些方士将这种说法夸大并四处传播，但是，吃了这些所谓的'仙丹''仙药'后，有的身体残疾，有的甚至中毒身亡。"

为了证明自己的观点，李时珍列举一些前人的例子加以说明："自六朝以来，受害于丹药的，有文字记载的朝廷命官就有几十人。宋朝学者沈括的一个表兄，误将一块丹砂当成丸药吞下，随即不省人事，很快就死了。唐代诗人韩愈目睹六七个朝廷官员服食水银丧命，其中，工部尚书归登服用水银后，腹内如烧红的铁杖向下坠，疼痛难忍，哭号而亡；殿中侍御史李虚中、刑部尚书李逊、刑部侍郎李建等人，因为服用金丹，在几年之内或是吐血而亡，或是腹背疼痛而死。他们去世之前都明确表示自己是被金丹所误。"

李时珍劝告嘉靖帝："丹药使人长寿的说法，绝不可信，皇上千万不要被方士之言迷惑，不要再服用丹药这种有害无益的东西了。"

但顽固的嘉靖帝哪里听得进去，对他来说，丹药就是他的命根子。他厉声喝斥道："大胆，你区区一个太医，竟敢污蔑仙丹！朕吃仙丹有段时间了，不也好好的吗？你给人看病或许还行，但修行悟道就差得太远了。"

李时珍知道多说无益，只得叩头谢罪："臣才疏学浅，冒死狂言，请皇上恕罪！"

“朕念你到太医院时间不长，这次姑且饶过你，退下吧！”嘉靖帝说道。

李时珍想到此时正是向嘉靖皇帝奏明重修本草书的大好时机，于是赶紧说道：“皇上，臣还有一事要奏，臣读过多种药书，发现历代本草典籍中有很多过时的内容，存在诸多错误，而且编纂简单、分类粗略、检索困难，如果以此为依据行医，很容易用错药，贻误病人。况且现在新的药物还在不断出现，应该增补进去。臣恳请皇上下诏重修一部新的本草书籍，造福百姓。”

嘉靖帝听了有些诧异，说：“旧本草书籍都是古人留下的经典，不能擅自改动！你有时间还是研究炼制仙丹的药方吧。”说完拂袖而去。

太医院的御医们得知李时珍在嘉靖帝面前碰了钉子，都幸灾乐祸，还用一首歌谣来嘲弄他：“当今天子重文章，足下何必讲汉唐。当今天子重丹术，足下何必讲岐黄。”意思是说，当今天子以八股文章取士，汉赋唐诗这类“杂学”自然没用；当今天子以丹术取人，岐黄之术自然没用。

此后，李时珍在太医院更受排挤，他只能多读一些医书、药书。但是，他想要重修本草书的决心从来没有动摇，他想：当今皇上不顾百姓死活，只在乎炼制仙丹，这个太医院不待也罢。朝廷不想重修本草书，那我就自己修。

嘉靖四十五年十二月十四日（1567年1月23日），由于长年累月服用“仙丹”，嘉靖帝的身体受到了严重的损害，此时的他已经病入膏肓，奄奄一息。在感觉自己将不久于人世后，他从西苑搬回乾清宫，当夜即驾崩，终年60岁，离他所期望的600岁还差540年。

嘉靖帝死了，方士们的好日子也到头了。继任的明穆宗对他们深恶痛绝，下令对方士进行清算。这时，陶仲文早已去世，但还是被剥夺了所有的谥号，其所有世袭的东西也被追削。其他的方士则被捉拿、处死，斋醮活动停止，炼丹所也被撤掉了。

眼看新皇帝雷厉风行地打击方士，以炼丹修道为时尚的官员们立马变身为“反方士斗士”，而违背良心大肆吹嘘“仙丹妙药”的医官们，也不敢再提用来炼丹的雄黄等药材了，不良的社会风气大大好转。

回乡创立东璧堂

日月如梭，转眼间，李时珍已经在太医院待了一年有余，把太医院的藏书都看得差不多了，御药房的药物也都见识过了，他觉得没有必要再在这里待下去了。李时珍知道，太医院的学习环境是其他任何地方都难以提供的，只是这里确实不适合自己发展。

恰在这时，他接到妻子寄来的家书，说他父亲身体不好，让他回家看看。这样一来，李时珍更不愿在太医院待下去了。为了能够尽快重修本草书，他毅然托病请辞，打算离京返乡。他决心依靠自己的力量，完成重修本草书这一对社会、百姓都有益的工作。

当时有人劝他留下，因为在太医院当太医，是成千上万民间医师梦寐以求的事情。但是李时珍知道，太医院实在不是久留之地，他也不愿与那些庸医为伍，况且，他想要依靠朝廷重修本草书的希望也彻底破灭了，与其待在太医院一辈子庸碌无为，还不如去重修本草书，做一点真正有用的事情。

李时珍深知，重修本草书将面临重重困难，但他相信以自己现在所具备的医学和药物学知识，已经具备了重修本草书的主要条件。

不久，他的辞呈得到了太医院的批准，于是他收拾东西，从北京回到了故乡蕲州。他还把自己从太医院的藏书中抄下来的药方，以及在西山采集的草药标本一起带了回去。

这一年，李时珍 43 岁，世间富贵，他经历过；人间疾苦，他也承受过。他放弃舒适安逸的生活，选择重回民间，就是想为天下百姓贡献自己的一份力量。

回乡途中，他也没有忘记寻方采药，每到一地，他就先到山野间采些奇花异草，从而发现了一些他以前只在书上见到过的药草。他还学到了北方百姓饮食起居方面的一些经验，比如农家用暖窖保存韭黄的方法。

一天，李时珍在驿站投宿，看见几个为官府赶车的马夫在用小锅煮一些粉红色的花草，他感到好奇，便上前询问："打扰几位，请问你们为什么要煮这些野草，拿来做什么呢？"

其中一个马夫说：“我们赶车人长年累月在外奔波，筋骨带伤，所以会煮这种草药汤喝。”

“这种草药叫什么名字？”李时珍又问。

马夫说：“这种草药叫‘鼓子花’，也叫‘旋花’，可以舒筋活血，而且也不要钱，自己在山野间就能采摘到。”

李时珍谢过马夫，然后将其所说的记录下来：旋花有“益气续筋”的作用。

一路上，李时珍留心搜集民间的奇方、偏方，经常向人请教，最后搜集到了不少有用的资料和药草标本。

不久，李时珍回到家中，家中的一切对他来说还是那么的熟悉、亲切。一家人又团聚在一起，大家有说有笑，好不热闹。经过一段时间的准备，李时珍以自己的字“东璧”为堂号，在家中设立了自己的诊所——东璧堂，并让次子李建元跟着自己学习医术。

李建元从小跟在李时珍身边，对医学很感兴趣，还亲自栽种了很多药草。和李时珍一样，李建元也曾经考中秀才，但后来乡试未中，李时珍正好需要助手，便有意培养他从医，出诊、采药时经常带上他。李建元虚心好学，遇到不懂的问题总是虚心向父亲请教。李时珍重修本草书时，他跟着父亲一起跋山涉水，实地考察药物，还帮忙整理书目文献，是父亲的得力助手。

李时珍又另外招收了一个徒弟，名叫庞宪。在李时珍外出实地考察药物时，庞宪一直跟随在他的左右，给了他很大的帮助。庞宪勤学好问，工作之余刻苦钻研医学知识，因此他在医学理论上有着较深的造诣，后来也成为名医。另外，当时的理学家瞿九思也曾拜李时珍为师，不是学习医学，而是为了学习理学和诗文。瞿九思学习也非常刻苦努力，加上李时珍的细心指导，终于在万历元年考中举人，后来还写了《乐章》《万历武功录》等著作，深受时人好评。

李时珍回乡行医的消息传开后，附近的百姓纷纷前来祝贺，东璧堂很快就热闹起来，求医问药者络绎不绝。

坐诊之余，李时珍对自己搜集到的药方和资料进行分类、整理，如果发现资料中有写得不对的地方，便做好记录。

嘉靖四十年（1561 年），李时珍 44 岁。为了能够集中精力重修本草书，他在雨湖北岸的红花园修建了一座新居，命名为“薖所馆”。从这年开始，李时珍就一直住在薖所馆，在里面研究药方、学习医学知识、编写医学著作，直到他去世。

薖所馆取意于《诗经·卫风·考槃》中的“考槃在阿，硕人之薖”一句，意思是，在山坡搭起柴屋，隐士有了安乐窝，敲盆鼓缶，有圣德的人心旷神怡、快活无比，所以“薖所馆”三字有陶冶性情的处所之意。另外，“薖”为古书上说的一种草，而“诸药以草为本”，李时珍以“薖”字为新居取名，也是为了表达自己矢志不渝重修本草书的决心。

因为新居濒临雨湖，李时珍自号“濒湖山人”，以表达自己对雨湖的热爱。在薖所馆，每当工作感到困倦之时，他便推开窗户，落日余晖、湖光山色尽收眼底，他的心情也随之变得十分宁静，心中升起一种悬壶行医、济世救民的高尚情怀。

不久，李时珍又将旧居中的东璧堂扩建为前店后坊形式的“李氏药铺”，有时抽空从薖所馆来到这里，研制丹、膏、丸、散及药酒，以更好地为百姓治病祛疾。

闲暇之余，李时珍整理了古药书上的验方，元代以来流行的时方，民间流传的治疗某种疾病的单方，临床应用有特殊功效的验方，以及一些家族的祖传秘方将近3000个，加上他自己搜集的药方，一共有11000多个药方。他将这些药方汇编成一部方书，取名为《濒湖集简方》，可惜这部书后来失传了，但其中的大部分内容都被编入了《本草纲目》中。

历史知识小贴士

孙思邈

孙思邈（？—682 年），京兆华原（今陕西省铜川市耀州区）人，唐代著名医学家。

孙思邈自幼多病，备受疾病折磨，于是立志学医，为百姓治病，年纪轻轻就已经小有名气。隋开皇元年（581 年），孙思邈隐居太白山中，钻研医学著作，采集草药，同时广泛收集民间流传的药方，热心为人治病。

孙思邈精通内科，擅长外科、妇科、儿科、五官科，发明了许多疗效显著的药方，总结出很多新的治疗方法，比如，用动物的肝脏治疗夜盲症，用羊的甲状腺治疗甲状腺肿，用牛乳、谷皮等食物防治脚气病，用砷剂（雄黄等）治疗疟疾病等。他还是第一个发明导尿术的医生。

孙思邈在数十年的临床实践中，编著成《千金要方》和《千金翼方》。《千金要方》内容丰富，收集了从张仲景时代直至唐代的医学临床实践经验和方剂成就，其中也加入自己的经验，是中国最早的医学百科全书。《千金翼方》是对《千金要方》的全面补充，收录了 800 多种药物，介绍了药物的采集、炮制等知识。

孙思邈不仅医术精湛，而且医德高尚，对病人平等相待、一视同仁，无论风雨寒暑、饥渴疲劳，都求之必应，深受人们的崇敬和赞扬，后人尊称他为“药王”。

太医院

太医院是中国古代最高医疗机构，起源于隋唐的太医署、宋朝的太医局，至金代正式定名。掌医药，主要为宫廷服务。明清时期，朝廷在大明门（清朝称“大清门”，东交民巷西口路北附近）东侧设立太医院。

明朝太医院的职责是贯彻皇帝的医药诏令，为皇帝、皇后及皇室人员问诊治病，征召、选拔、选派、罢黜医生，培养教育医生，管理其他医药机构，编修医书等。太医院的官职主要分为院使、院判、御医、吏目等。

太医院的医官从朝廷在各地培养的医生中选拔，由礼部主持考试，选拔过程非常严格，能通过的人只有极少数。明英宗朱祁镇继位后，曾征召近百位名医到京城参加选拔，结果只有 7 个人被选入太医院。太医院除了为宫廷服务，有时也会参加一些民间治疗工作。

崔颢

崔颢（？—754 年），汴州（今河南省开封市）人，唐代诗人。唐开元十一年（723 年）进士及第，历任许州扶沟县尉、太仆寺丞、司勋员外郎。

崔颢的诗作早期多描写闺阁女性的情感生活，诗风较为轻浮，格调不高；后期多描写边塞军人戍守边关的艰苦生活，诗风雄浑奔放，激昂豪迈。他最著名的诗是《黄鹤楼》，并且凭这一首诗跻身唐朝著名诗人之列，黄鹤楼也因崔颢的这首诗而名扬天下。

据说李白云游各地时，曾登上黄鹤楼，眺望远方，目睹壮丽的景色，一时诗兴大发，想要在黄鹤楼上题诗留念，但是忽然看见楼上崔颢的《黄鹤楼》，连声称妙，于是搁笔不再题诗，并发出“眼前有景道不得，崔颢题诗在上头”的赞叹，成为千古佳话。

第五章

广采药方，遍尝药草

随着时间的推移，李时珍重修本草书的愿望越来越强烈。为了纠正以前药草书中的错误，考证各种药草的功效，嘉靖四十三年（1564 年），李时珍带着儿子李建元和徒弟庞宪，远离家乡，翻山越岭，跋山涉水，历经千辛万苦，足迹遍及大江南北，采集了许多珍贵的药物标本，搜集了大量的药方，为编写《本草纲目》奠定了坚实的基础。

求方若渴发告示

在正式动笔之前，为了让新的本草书内容更加全面、药方更加丰富，李时珍张贴了一些告示，收集民间的药方。

李时珍希望通过发动民众、依靠民众的力量一起来编本草书。广大民众积极响应，热情支持他的工作，一些名医、铃医以及文人墨客、地方士绅为他提供了很多验方、单方、复方，有的人甚至将家中的祖传秘方也交给李时珍。

过去与李时珍有过来往的药农、菜农和渔民，也陆续给他送来一些草药和偏方，比如用煨热的栗子止泻，用山楂属的野果治小儿积食，在韭菜汁里面加入盐、梅子、卤汁来止吐，用松脂治疗蛀牙、牙痛，用醋浸的大蒜治疗胃寒、腹痛，将麦麸外用治疗痔疮……甚至有人带他去寻找可供制药的动植物和矿物。

一天，一个中年女子来到薖所馆，说要给自己的救命恩人送药草标本。李时珍的妻子问道：“你的救命恩人是谁？”

中年女子说：“就是20多年前为我治病的李大夫。”

李时珍听到外面有说话声，从书斋里走出来，一看来访的女子，感觉很陌生，完全想不起来自己什么时候给她治过病。

中年女子一见李时珍，激动地说：“李大夫，您还记得当年雨湖那条渔船上的祖孙二人吗？”

李时珍恍然大悟，原来眼前的中年女子就是当年自己施救的雨湖渔船上的小女孩。他连忙将中年女子请进屋内，宾主分别坐定后，李时珍开口问道：“你说要送给我药草标本，不知道是什么药草呢？”

“是一个朋友从北方带来送给我的，”中年女子一边说，一边将一只袋子递给李时珍，“我也忘了这药草叫什么名字，放在家里派不上用场，听说您在征集药方，我就给您送过来了。”

李时珍接过袋子，打开袋子取出药草，仔细辨认一番后说：“这是北方的灯笼草，也叫‘红姑娘’。灯笼草的果实成熟以后红彤彤的，就像一个小香囊，里面有赤色的种子，圆圆的，像红珍珠，吃起来酸甜可口，所以古人叫它‘红瓜囊’。古代的‘瓜’和‘姑’同音，‘娘’与‘囊’的读音也相近，所以人们就把‘红瓜囊’叫成了‘红姑娘’。可别小看灯笼草，它的功效多着呢，可以消肿止痛、清热化痰、解毒利咽、利尿通淋等。”

中年女子认真地听着，十分敬佩李时珍的博学。李时珍又把她引到自己的书斋，只见里面摆满了各种书籍和药草标本。李时珍指着这些药草标本说：“这些都是亲戚、朋友、乡邻、病人送给我的，你们这么热心地帮助我，如果我不编好本草书，那就太对不起你们了。”

李时珍的好友顾问也专程给李时珍送来了几个验方。顾问指着其中一个验方对李时珍说：“这个用饧糖治疗箭镞不出的验方，是我从唐人薛用弱的《集异记》里抄下来的。书中说，河朔（古代泛指黄河以北地区）一位名叫邢曹进的将领，在一次征讨叛军的战斗中，被叛军的飞箭射中肩部，箭镞深入肩内无法拔出，邢曹进疼痛难忍，苦不堪言。有个僧人得知消息，前来告诉他，用寒食饧糖点敷患处后即可取出箭镞。他照做之后，肩部疼痛渐减，到夜间感到伤口处发痒，然后就轻松将箭镞拔了出来。不到10天，伤口就愈合了。”

李时珍高兴地说："太好了，这几个药方很珍贵，我还没有收录过。"

这些收集到的民间药方，使李时珍积累了丰富的资料。当然，他并不是收集到药方就直接收录进本草书中，而是在临床中加以验证，力求准确无误。也正是他这种严谨、求真的精神，使得《本草纲目》在医药学史上占据了重要的地位。

遵父遗愿撰医书

嘉靖四十三年（1564年），李时珍的长子李建中考中举人，消息传到薖所馆时，李时珍的父亲李言闻已经身染重病，躺在床上。听说孙儿中举，他挣扎着坐起来，对李时珍说："我以前日夜盼望你有朝一日能够中举，改变家族世代行医的命运，如今我的这个心愿也算达成了。"

接着，他又叮嘱李时珍："以前的本草书中存在很多谬误，如果不加以订正，一直流传下去，就会遗祸无穷，让病人深受其害。你立志重修本草书，见识过人，精神可嘉。只是这是一件非常艰巨的工作，要耗费很多时日、精力，为父本打算助你一臂之力，可惜现在我重病在身，无能为力，今后重修本草书的重任就靠你自己去完成了。”

李时珍难过地看着父亲，哽咽着说：“父亲，您放心，我一定会将本草书修好的。”

李言闻听了，脸上露出欣慰的笑容，他让李时珍找来自己写的《四诊发明》《蕲艾传》《人参传》《痘疹证治》等书，然后指着这些书说：“重修本草书是利国利民、功在千秋的大好事，这些书里记录着我毕生行医的心得，你需要的话，就将这些书拿去参考。另外，《四诊发明》这本书是我根据古人沿用千年的《脉诀》编写的，有些深奥，对初学者来说不易理解，如果你以后有时间，可以用通俗易懂、容易记住的诗句，将内容编成新脉诀歌。”

李时珍眼含泪水，重重地点了点头。

“可惜我看不到你的著作定稿成书了。”李言闻说着，忍不住咳嗽起来。

李时珍连忙扶父亲躺好，让他好好休息。当天晚上，李言闻与世长辞。

对于李时珍来说，李言闻不仅是他的父亲，还是他生命中的引路人。正是在父亲的指点、帮助下，李时珍的医术得以一天天长进，他在医学的道路上也越走越踏实，越走越顺利。父亲的去世，让李时珍失去了一位严厉的良师、一位真挚的益友，他内心的痛苦是可想而知的。

父亲去世后，李时珍遵照父亲的遗愿，研究了各种脉诀书，结合自己的经验，在不到一年的时间内，写成了《濒湖脉学》《脉诀考证》《奇经八脉考》3部专著。他凭借深厚的文学功底，用优美精练的文字对精微的脉象进行了生动形象的描述，比如对于“涩脉”的表症，他是这样写的：“细迟短涩往来难，散止依稀应指间。如雨沾沙容易散，病蚕食叶慢而艰。”

跋山涉水寻药草

李时珍深刻地意识到，要修成一部内容丰富、药物注解准确无误的本草书，不能仅限于在书斋中研究、琢磨药书和药物，必须走出书斋，到山林野外进行实地考察，才能有新发现、新收获。为了实地考察、采集药草，解决疑难问题，李时珍默默地收拾行囊，穿上草鞋，背起药筐，在徒弟庞宪、儿子李建元的陪同下，开始远涉深山旷野，观察和收集药草标本。

起初，他在家乡蕲州一带进行实地考察。为了搞清楚形态相似的苹、水萍（即浮萍）、萍逢草3种药草的药性、功效有何差别，他去雨湖、马口湖、沿市湖、赤东湖进行采集，对这3种药草进行了耐心细致的观察、比较，终于纠正了本草书上关于这3种药草的错误注解。

随后，李时珍又带上李建元、庞宪到蕲州以外更远的地方考察、采集药草。在那个交通不便的年代，他们遇到的困难是无法想象的，但李时珍3人不怕山高路远，不畏严寒酷暑，栉风沐雨，风餐露宿，跋山涉水，四处考察、采集药草。无论是名山大川还是人迹罕至之处，无论是一马平川的原野还是荆棘丛生之地，哪里有药草，哪里就有他们的身影。

在药草资源丰富的安徽宿松河西山上找药、采药时，他们兴奋不已，专心采挖药草，几乎忘记了一切。一场暴风雨突如其来，他们连忙躲进附近的一个山洞避雨。进入山洞后，他们发现洞里地势开阔，而且石壁上刻有字，还有一个平坦的石台，足可以睡下3个人。他们便在洞里住了一晚，第二天继续采药。

长江中下游南岸的药姑山（又名“龙窖山”），也是李时珍多次涉足的地方。药姑山横跨湘鄂两省四县，方圆200余平方千米，生态环境优良，自然资源丰富，有“天然药库”之称，计有草本、木本、藤本、真菌等1700多种植物，止血藤、盘龙参、车前草、田七到处可见，青牛胆、金樱子、鱼腥草满山都是。贵重药草有“人参党参太子参，黄柏黄芪与黄连。田七天麻和白术，树舌贝母八角莲”。另外，山中还有药用动物蛤蚧、油蛙等。

可以说，药姑山是李时珍采集、研究药草的一个重要基地。他在《本草纲目》里曾引述民间赞词“难得一把五加，不求金玉满车”，其中提到的“五加”，便深受他推崇，被他列为《本经·上品》中，能“补中益精，坚筋骨，强意志。久服轻身耐老”。而五加在药姑山的烂船坡一带，随处可见。

李时珍一心只想着修好本草书，让后世的医生有据可考，有方可依，有章可循，有时为了节省时间，他和李建元、庞宪一连几天都不下山，饿了就吃些干粮，天黑了便就地而眠。

后人为此写下了“远穷僻壤之产，险探仙麓之华”的诗句，反映他远途跋涉、四方采访的生活。

遇到不明白的问题，李时珍总是虚心向人求教，不管是种田的、捕鱼的，还是砍柴的、打猎的，李时珍都不耻下问。

比如，芸薹是治病常用的药物，但它究竟长什么样子，过去没有哪本药草书能够确切地表述清楚，李时珍便向一个种菜的老人请教，从老人口中，李时珍才知道芸薹其实就是油菜的根、茎、叶。这种植物头一年种下，第二年开花，种子可以榨油。后来，李时珍就在《本草纲目》中清楚地对这种药草进行了注解。

有时路费用光了，李时珍便摇响铜铃行医，挣一些路费，顺便搜集民间单方。

其间，他用民间偏方，配上适量的牵牛子，双管齐下，治好了一位老人患了30多年的习惯性便秘，解除了老人的痛苦。还有一位中年女人，鼻子出血，一整晚都止不住，家里人都特别担心。李时珍以大蒜切片敷贴其足心，女人的鼻血很快便止住了。

亲尝毒草配药方

为了弄清楚药草的疗效，李时珍除了采访各地民众，还效仿神农，亲尝百草。为此他多次中毒，幸亏他掌握了不少解毒的方法，才死里逃生。

李时珍喜欢独立思考，从不愚信古代医书中的说法，他善于“发前人未到之处”，在批判地继承前人医学成果的基础上推陈出新，这种精神自始至终贯穿在他的医学研究活动之中。

比如蛇莓，人们都说它有毒，但李时珍尝了以后发现它不仅没有毒性，而且可以治疗牙龈肿痛、咽喉肿痛、热毒疮疡等。还有鹅肠草，长得与鸡肠草很相似，两者却又不完全相同：鹅肠草味甘，茎中空，开白花；而鸡肠草味微苦，茎不空，叶子带点紫色，开紫花。李时珍观察、品尝这两种药草后，将它们的不同之处详细记录下来。

李时珍听人说有一种花叫“曼陀罗花”（即洋金花），三国时的神医华佗曾用它来配制麻沸散，据说人吃了麻沸散后会手舞足蹈，兴奋不已，但也能够缓解伤口疼痛，可惜后来麻沸散失传了。为了进一步了解曼陀罗花的麻醉效果，李时珍和李建元、庞宪一起前往“药物宝库”武当山寻找曼陀罗花。找到曼陀罗花后，李时珍非常兴奋，指着曼陀罗花对李建元和庞宪说：“可惜麻沸散早已失传。这种花有毒，究竟如何配药，还得重新试验。”

下山回到客栈后，为了弄清曼陀罗花的毒性，取得可靠的验方，李时珍冒着生命危险，亲自食用，结果手脚麻痹，晕了过去。

李建元急得手足无措，摇着李时珍的身子叫道：“父亲，父亲，您快醒醒啊！”

庞宪则相对冷静一些，他见师傅虽然晕了过去，但气息还比较平稳，现在唯一的办法就是等。他劝李建元说：“不知道这药性有多大，我看就让师傅静静地躺一会儿吧。”

大约过了一个时辰，李时珍还是没有什么动静。李建元和庞宪一直在旁边看着他，盼望他快点醒过来。又过了半个时辰，李时珍的身体轻微动了一下，庞宪高兴地叫道：“动啦动啦，师傅没事了。”

李时珍慢慢睁开了眼睛，映入眼帘的是他儿子和徒弟那高兴的脸庞。

随后，李时珍又到山上采摘了一些曼陀罗花，带回客栈晾干，然后将其研磨成粉末状。为了能准确测试其功效，他又将曼陀罗花粉末分成不同的剂量，多次食用，有时还加入其他药草一起食用。最后，他得出结论，曼陀罗花和火麻子花一起服用，可以当做镇痛麻醉剂使用。现在，以曼陀罗花为主制成的麻醉中药，被广泛应用于外科临床手术中。

由曼陀罗花的毒性，李时珍联想到旧本草书上说大豆（指黑豆）可以解百毒，于是进行了多次试验。最后他得出结论：单独使用大豆是不能解毒的，只有加上甘草才有解毒效果，并特别强调："如此之事，不可不知。"

采药归来已白首

有一次在武当山五龙宫附近采药时，他的徒弟庞宪发现了一棵长得像榔榆的树，树上结满了像梅子的果实。庞宪连忙招呼李时珍过来，说："师傅，您看看这是什么？"

李时珍仔细审视后说："这是榔梅，相传是真武大帝折下一段梅枝插在榔树上嫁接长成的。成祖起兵夺取皇位不久，以前只开花不结果的榔梅竟然结了果，五龙宫的全真道士李素希将数百枚果实进献给成祖。因为果实稀有，人们视其为仙果，说吃了它可以长生不老。”

“真有这么神奇吗？”庞宪好奇地问。

“这显然是夸大了榔梅的功效。但因为它非常稀有，成祖下旨对榔梅树进行保护，将果实作为贡品和禁果，由武当道士每年进献宫中，所以官府就严禁其他人采摘了。”李时珍说完，决定亲自采来尝尝，结果发现榔梅吃起来和桃、杏的味道一样，甘甜可口，可以生津止渴，但没有什么特殊功效。后来，李时珍在《本草纲目》中对榔梅的功效进行了解释：“甘酸，平，无毒”，可以“生津止渴，清神下气，消酒”。

李时珍不仅调查、考察植物药和动物药，还调查、考察了一些矿物药。为此，他亲自到铜矿、铅矿、石灰窑中进行实地考察。石炭是他在本草类书中首次记载的药物，他写道：“石炭在南北各地不同的山上都有丰富的产量，古人对它了解很少，所以也很少用到它。现在人们对它的认识逐渐增多了，用它来生火做饭，煅炼铁石。老百姓为了获取石炭，常常要到十几丈深的地方去挖掘。”

根据以往本草书上的记载，铅是无毒的物质。李时珍为了了解铅的性能，深入铅矿区，发现矿工们的工作条件极为艰苦，矿工们提着油灯，在黑暗的洞穴中摸索前行，寻找铅矿。在对矿工们的健康进行检查后，李时珍发现铅是有毒物质，“性带阴毒，不可多服”。同时，他还发现铅中毒的人会出现中毒性肝炎、黄疸等症状，人如果长时间在铅矿中工作，就会皮肤萎黄、腹胀、不能进食，还有可能生病而亡。

为了考证药草的功效，几年间，李时珍寻访了武当山、庐山、大别山、茅山、牛首山、伏牛山等名山，足迹遍及湖北、湖南、江西、安徽、江苏、广东、河南、河北、山西等地，在实地考察中发现了374种新药。

李时珍还到沿海各地进行考察，以了解海产药物的特性，准确记载海产药物的功效。

隆庆三年（1569年），李时珍结束了外出采药的活动，回到了蕲所馆。过去他外出，短则十天半个月，长则一年半载，唯有这一次，一走就是 4 年。当他回到家中时，孙子、孙女都认不出他这个满头白发的爷爷了。妻子吴氏看着他那消瘦的身躯、憔悴的面容、发白的头发和胡子，十分心酸，忍不住流下了眼泪。

历史知识小贴士

《奇经八脉考》

《奇经八脉考》是李时珍所著的一部关于中医经络学说的重要典籍。本书主要对中医经络学说中的奇经八脉进行了详尽的阐述。奇经八脉包括阴维脉、阳维脉、阴跷脉、阳跷脉、冲脉、任脉、督脉和带脉，它们与十二正经不同，既不直属脏腑，又无表里配合关系，其循行别道奇行，故称奇经。书中详细描述了每条经脉的循行路线、所分布穴位及其生理功能、病理变化等。李时珍在书中对奇经八脉的循行路线及腧穴作了详尽考证、整理和补充，纠正了前人的错误，使奇经八脉的理论更为完善。

《奇经八脉考》完善了中医经络学说，使经络学说更加完整和系统。该书对奇经八脉的深入研究，为后世医者研究奇经八脉提供了重要参考，推动了中医经络学说的深入研究和发展。同时，该书也被广泛传承和应用，成为中医临床和学术研究的重要文献之一。

明成祖

明成祖（1360—1424 年），名朱棣，明朝第三位皇帝（1402—1424 年在位），明太祖朱元璋第四子。

洪武三年（1370 年），朱棣受封为燕王。建文元年（1399 年），建文帝宣布削去诸王藩号，意欲铲除诸王，朱棣遂发动“靖难之役”，起兵对抗建文帝，经过 3 年的战争，于建文四年（1402 年）攻破南京，即位称帝。建文帝失踪，下落不明。

明成祖在位期间，采取一系列措施加强中央集权统治，政治上改革制度，设置内阁和东厂；经济上减免赋税，恢复生产；军事上开拓疆域，北征漠北，南征安南；外交上，派遣郑和率领船队下西洋，加强与外国的往来；文化上，采用科举制选拔人才，组织人员修纂《永乐大典》。他还组织人力疏浚大运河，营建紫禁城，迁都北京。明朝由此出现了自开国以来难得一见的繁盛景象，史称“永乐盛世”。

第六章

著成医典，惠济万民

外出考察、采集药物归来后，李时珍立即着手编纂《本草纲目》。他废寝忘食，埋首伏案，奋笔疾书。万历六年（1578年），李时珍终于完成了《本草纲目》的初稿。万历二十四年（1596年），《本草纲目》刻印成书问世，并得到广泛的传播，直到今天，它仍在救治病人、造福社会方面发挥着巨大的作用。

独创药物分类法

隆庆三年（1569 年），李时珍开始整理外出采药带回来的笔记资料，考虑如何拟定本草书的编写体例。本草学本来属于烦琐之学，而李时珍多年积累的资料内容又多达几百万字，要怎样分类才能方便人们检索、查阅、使用呢？

东汉的《神农本草经》是我国医学史上最早有明确记载的本草书。李时珍发现，从《神农本草经》开始，本草书采用的大多是上、中、下三品分类法，沿袭 1000 多年，也就是将药物分为 3 等：上药养命以应天，中药养性以应人，下药治病以应地。在论述药物特性、功效的时候，不是根据药物的属性和功效来分类，而是按上、中、下三品分类解说，然后记录每种药物的名称、别名、性味、主治病症、产地环境等。

后来，陶弘景在整理《神农本草经》时，在分类上做了一些改进，按照药物在自然界的属性改分为玉石、草、木、虫兽、果菜、米食6类，加上“有名未用”一类，共计7类。唐宋时期，朝廷虽然组织人员重修过本草书，但药物的分类大体上还是遵循陶弘景的方法，没有太大的变化。

李时珍认为，要做到分类准确，条理清晰，方便人们查阅，必须采用全新的科学分类方法。但是，要找到一种科学的药物分类方法并非易事，需要费一番脑筋。究竟该怎样分类，才能使名称各异、功效有别的成百上千的药物排列有序，让人能够一目了然、轻松查阅呢？李时珍苦苦地思索起来。

一天，李时珍随手翻看桌子上南宋理学家朱熹所写的《资治通鉴纲目》，发现朱熹在写作中是先列纲再列小目，使问题的来龙去脉变得十分清楚，让人一目了然。受这部书的写作体例启发，李时珍决定将自己准备编写的本草书定名为《本草纲目》，采用纲目记载方式，将每种药物大的类别称为“纲”，小的类别称为“目”，这样纲目层次分明，清晰可辨，便于对药物进行分类，按类记载。

李时珍认为，水、火为万物之先，土为万物之母，分类时应该按照从低级到高级的序列进行。于是，他以药物的天然来源及属性为纲，采取了“三界十六部”的分类法，具体如下：

无机物界，包括水、土、火、金石，共4部；

植物界，包括草、谷、菜、木、服、器，共6部；

动物界，包括虫、鳞、介、禽、兽、人，共6部。

过去，各家药书把玉、石、水、土混在一起，虫、鳞、介不分，或将虫编入木部，或将木编入草部，十分混乱。比如“寒号虫”，宋代的《嘉祐补注本草》《图经本草》乃至明代的《本草品汇精要》都将它及其粪（五灵脂）列入虫鱼部。李时珍发现“曷旦乃候时之鸟也”，曷旦即寒号虫，于是把寒号虫及其粪（五灵脂）一起从虫部移出，编入禽部。

对于每一部，李时珍又以相近的类别为目，分为若干小类，共60类。

比如“草”这个大类，李时珍按照药物的性能和形态，分为芳草、毒草、蔓草、苔草等；按照生长环境，则分为山草、湿草、水草、石草等。

这样的分类方法，不仅揭示了植物之间的亲缘关系，而且统一了许多植物的命名方法。从药物的历史、形态到功能、方剂等，叙述甚详，从而丰富了本草学知识。

在体例上，为了详细介绍每一种药物的知识，李时珍将内容分为 10 个小项，具体如下：

释名——注释药物名称的由来。因为同一种药物，在不同地区叫法也不一样，所以，除了药物的通用学名，李时珍还列出了药物的别名。比如白术，李时珍就在其后列出了山蓟、杨桴、桴蓟、山姜、山连、乞力伽等别名。药名后面还有“正名”一项，用于纠正其他药书上的错误命名。

集解——介绍药物的产地、形状、与类似药物的区别、采收季节和方法等。

正误——通过实地考察、临床经验及亲口试药的反应，分析前人论断的可疑之处，纠正错误。

修治——介绍药物的采集季节、炮制方法、功效，列举医治案例或前人的治病记录，并加以评论。

气味——论述药物的寒热温凉、辛酸甘苦咸、有毒无毒等，以及药物炮制后的气味变化。

主治——汇总前人及本人的经验，论述药物功效，举例说明该药物主治什么疾病，内服还是外用，或补或泻，或调气或散热等。

发明——介绍自己对药物观察、研究以及实际应用所得的新发现、新经验。

校正——将古药书中不应单列而单列的药物，移到同属或同类药物下，进行详细介绍。

附录——介绍不属于治疗疾病的但又有某种用途的经验方。

附方——按照药物的主治范围，抄录原有验方，并增加自己收集到的单方、验方，分别以“旧”字或“新”字进行标注。

编修《本草纲目》是一项庞大繁杂的工作，为免顾此失彼，李时珍把全家人都动员起来了，给每个人安排了相应的工作。他说：“以后我要将主要精力放在编书上，庞宪和建元两人，现在凭你们的医术都可以独当一面了，坐堂看诊的事情，就交给你们吧。”

庞宪和李建元见自己受到了肯定，都很高兴。李建元知道书中还需要绘制药物形态图，便主动请缨说：“绘制药物图样的事情，也可以交给我，我保证出色地完成任务。”

“你从小就喜欢画画，这事我正想要交给你来做呢。”李时珍笑道，接着又说，“书稿写完后，还需要有人负责抄写、誊清，我看建木、建方是不是可以接下这项工作？”

李建木、李建方一听，异口同声地答道：“没问题，这事包在我们身上。”

“我虽然老了，但也可以做点力所能及的事情。”李时珍的妻子吴氏见大家都有了相应的任务，也不甘示弱地说道。

李时珍呵呵笑道：“自然不能让你闲着。我们外出带回来的药草，需要整理、归类、保管，你做事认真细致，这活你做最合适。”

于是，在李时珍的统筹安排下，经过一段时间的磨合，《本草纲目》的编写工作渐渐走上了正轨。

呕心沥血著医典

为了尽快编写成《本草纲目》，李时珍除了偶尔出诊为病人诊治一些疑难杂症外，大部分时间都待在书房里整理资料、奋笔疾书。有时他连吃饭也不安心，吃了几口突然想起某个问题，就赶紧放下碗筷，又去翻书查找资料。几乎每个夜晚，李时珍都会在书房里奋战到后半夜，在妻子的极力劝说下才去睡觉。

对于每一种药物，李时珍除了收集前人的相关记载，还记录了他本人的实际观察结果，有的采集了标本，有的还亲自栽种过。他细致地观察药物的形态和生长情况，逐一记录药物的产地、生长环境、成熟季节，药物的形态、根茎花叶、果实种子的特征，培育采集方法，病虫害及其防治，很多还附上了图画，为后人的研究提供了丰富详尽的资料。

在经史百家、方志野史、笔记小说等书籍中，记载了大量的本草与人类生产活动相关的事情，涉及各种疾病的用药方法、相关治病案例，是十分宝贵的资料。李时珍通过仔细阅读这些书，反复考证，从中总结出大量的药物附方。

古代一些伟大诗人的全集，也是李时珍研究的重点，他从中摘录出多达400首有关医药学的诗句，有的诗句还帮助他纠正了医书上的一些谬误。比如，医书中经常出现的“鹜”与“凫”，是不是同一种动物？如果不是，它们又有什么区别？历代药物学家对此争论不休，始终没有一个明确的结论。屈原的《卜居》中有“将与鸡鹜争食乎”“将泛泛若水中之凫”两句，李时珍认为，屈原把“鹜”与“凫”对举并称，说明它们不是同一种禽鸟。而且，诗中还描绘了它们不同的生活环境，通过分析比较，李时珍认为“鹜”是家鸭，“凫”是野鸭子，两者药性不同。

对于旧本草书中记错了或者混乱不清的药物，李时珍通常会采取实物对证的方法：取出药物标本，从正面到反面，从根茎到花果，仔细进行观察，甚至连枝叶上的茸毛也不放过。他还会尝一尝药物的味道。直到将药物的产地、名称、形状、颜色、属性、功效等都核实得一清二楚、准确无误，他才将它们一一写入书中。

比如寒号虫，关于它的叫法，古书上有明确记载的有十几种，如独春、曷旦、鹖鴠等，不管哪一种叫法，看起来都有其道理。李时珍通过实践考证，得出了一个结论：“寒号虫，在寒冷的冬天会脱毛，脱毛之后如同雏鸟，经常在寒风中号叫，故得此名。”像独春、曷旦、鹖鴠等叫法，是指它在晚上一直号叫，等待天明。李时珍通过分析认为，“寒号虫”这个名字最为贴切。这也反映了他严谨认真、实事求是的做事态度。

还有五倍子，宋朝的《开宝本草》将它归入草部，《嘉祐补注本草》则认为它生在盐肤子木上，应该归入木部。

至于五倍子到底是怎么生成的，没有人知道。李时珍经过长时间的观察和研究，最终发现五倍子是蚜虫寄生在盐肤子木上形成的。他还指出，五倍子蚜虫有点像蚂蚁，每年五六月开始在盐肤子木上活动，逐渐在叶子间形成虫囊，看起来很像果实。这些虫囊形态各异，起初是黄绿色，后来又变成红黄色。敲开其外壳，可以看见里面有很多小虫。采集后，如果想长期保存，需要先蒸熟，避免虫子穿壳而出或者腐坏。

在书中，李时珍还多次揭露方士们炼丹的骗人把戏。嘉靖帝驾崩后，方士们被捉拿治罪，李时珍顿时感到扬眉吐气，在《本草纲目》中驳斥了方士们鼓吹的“服食蝙蝠可以长生”的谬论，指出蝙蝠又叫伏翼、天鼠、仙鼠、夜燕，然后说：“唐朝的陈子真得到了一只白蝙蝠，和乌鸦一样大，他将白蝙蝠吃了，止不住地排泄了一夜后就死了。宋朝的刘亮，得到了一只白蝙蝠和一只白蟾蜍，将它们放在一起做成‘仙丹’，吃了之后立即就死了。”

李时珍又补充道：“我把这两条资料记载在这里，就足以解除大家的疑惑了。白蝙蝠能够入药的说法，是晋代的葛洪提出的，他误导了大家，真是有罪啊！”

最后，李时珍告诫人们："蝙蝠可以治病，但不能吃！"

还有一些奇谈怪论，比如，人如果用蜘蛛合药吃，就可以住在水里；用猪油喂赤斑蜘蛛，再用赤蜘蛛体液涂脚底，可以在水上行走……李时珍都用试验证实了这些说法的荒谬。

在编写"金"条目的"发明"部分时，李时珍写道："自秦皇、汉武时代起，方士们鼓吹金液和雄黄、雌黄并用，能成地仙；又说丹砂化为圣金，服用后可以升仙，这些说法害了不少人。人是血肉之躯，靠吃谷物吸收营养，那些丹砂、水银在肠胃里根本不能消化，对人体伤害很大，这不是自寻死路吗？真是太愚蠢了。"

李时珍虽然反对方士炼丹，但对于炼丹术在医药学方面的作用还是肯定的。因为古代很多药物的制作方法就源于方士的炼丹术，所以他专门研究一些炼丹书，从中摘录了一些材料并进行试验，由此找到了许多炼制化学药物的方法。他将这些方法全部写进了《本草纲目》中。

在《本草纲目》的金石部，李时珍记载了关于金、银、铜、铁、锡、铅等金属的冶炼方法，以及金属、金属氯化物、硫化物等物质的化学反应过程，还介绍了蒸馏、升华、沉淀、结晶、干燥等现代化学中应用的一些实验方法。

对于动物药，李时珍也作了细致的描述，包括各种动物的产地、形态、生活习惯、遗传、变异等，甚至介绍了某些野生动物的捕获、驯化方法。对于一些家畜动物，如猪、狗、羊、马、驴、牛、骡等，则详述其品种、特性、饲养方法和病态等。

二十七年修《本草》

万历六年（1578 年），在薖所馆里，李时珍终于迎来了收获的季节——《本草纲目》初稿完稿了。

全书约 190 万字，分成 52 卷，综合了医学、药物学、植物学、动物学、矿物学、化学、天文学、气象学等许多领域的科学知识，在内容上超过了过去任何一部本草学著作。书中记载了诸家本草书所收的药物 1518 种，同时新增 374 种药物，共计 1892 种，其中植物药 1094 种，动物药 444 种，矿物药 161 种，服器类药 79 种，另附精美药草图 1160 幅。书中记载的各类附方有 11096 种，涉及内科、外科、妇科、儿科、五官科等，其中 2935 余种为旧方，其余皆为新方。治疗范围以常见病、多发病为主，所用剂型包括丸、散、膏、丹，而且许多方剂既具备科学性，又简便、实用。

放下笔的那一刻，李时珍长长地舒了一口气。妻子吴氏特意准备了一桌美味菜肴，大家好好庆祝了一番。

李时珍和家人、徒弟前后历经近 10 年时间，终于在他 61 岁这年实现了其修成新本草书的夙愿。之后，李时珍又花了 3 年时间，对新本草书进行了 3 次较大的修改。这么算来，从他于嘉靖三十一年（1552 年）下决心重修本草书开始，加上 10 年读书和外出考察、采集药物的时间，他为了编写《本草纲目》，总共用了 27 年的时间。

尽管已经花费了这么长的时间，但李时珍仍然秉持精益求精、严谨治学的态度，对新本草书从头到尾进行了仔细的审阅、修改。第一次修改初稿时，对于《本草纲目》草部第十四卷中提到的“牡丹皮治相火（与君火即心火相对而言，指肝肾之火）”一段文字，庞宪和李建元不解其意，于是一起去问李时珍：“如今都是用黄檗治相火，您却说用‘牡丹皮治相火’，是不是写错了？”

“没有错，只是我写得不够详细，看来需要再补充说明一下。”李时珍说着，拿起笔在这段文字后面加了几句，并耐心地解释说，“牡丹皮治相火是古人用过的方法，但后来几乎失传。张仲景炮制的肾气丸，主要成分就是牡丹皮。所以我就试着用牡丹皮治疗因相火引起的疾病，结果发现比用黄檗治疗效果更好。”

庞宪和李建元听了，都很佩服李时珍实事求是的做事态度和严谨认真的研究精神。

万历七年（1579 年），经长子李建中请封，李时珍被明神宗敕封为文林郎（明清时无实际职务的正七品文官）。当然，这只是虚职虚衔而已，是不需要到任也不领俸禄的荣誉称号。

四方奔波为刻书

《本草纲目》终于完稿了，但对李时珍来说，一个大的难题解决了，另一个难题又接踵而至，那就是如何将这部书刻印出版。

当时，书坊刻印书籍每页的工价是纹银 1 钱 5 分，刻印一部 10 万字的书，约需纹银 30 两。可是，李时珍的《本草纲目》有 190 万字，还有 1000 多幅插图，仅工匠镂版就需要纹银 600 两，加上木板、纸张、墨等原材料与刷印、装订方面的费用，需要纹银 1000 两左右。

这对家境并不富裕的李时珍来说是一笔巨款，所以他无法自费出版《本草纲目》。他的长子李建中早年中举，隆庆五年（1571 年）在河南光山县出任教谕（元、明、清时一县主管文庙祭祀、教导生员的学官），万历三年（1575 年）又被任命为四川蓬溪知县，是家里唯一拿俸禄的人。但是李建中为政清廉，两袖清风，作为正七品官员，他年俸只有纹银 58 两 5 钱，即使不吃不喝，他也要十几年才能攒够 1000 两纹银。

无奈之下，李时珍只得带上儿子李建元、徒弟庞宪，背着沉重的书稿，在蕲州、黄州、武昌、南京等地四处联络书商。他得到的答复五花八门，但毫无意外都是拒绝。

有的说："现在已经有很多本草书，你编一部这么厚的本草书，我们给你刻印后，卖不出去怎么办？我们只是小书商，实在承受不起。"

有的说："我们只刻印热销的小说，你去找别的书商问问吧。”

有的说：“这部书稿篇幅巨大，内容又是关于医学方面的，深奥难懂，枯燥无味，读者不感兴趣，印这种书摆明了是亏本买卖。”

李时珍听了他们的答复，忍不住问道：“这书可以治病救人，难道不值得刻印吗？”但是，回应他的只有沉默。

李时珍奔波了两年，仍然毫无头绪。当时，人们正在广泛借阅传抄《本草纲目》，有个富绅抄录了其中几本后，觉得这部书稿很有价值，打算出钱刻印，但他是有条件的。他找到李时珍说：“我会找最好的木料来刻印这部书稿，不过在正式刻印前，你需要对书稿做一些修改。”

“需要怎么修改呢？”李时珍也明白，现在朝廷为了钳制民众思想，正大力禁书、毁书，因为写文章或著书而被下狱、杀头的事情时有发生，《本草纲目》的内容包罗万象，很难说不会因触犯朝廷禁令而被查处。

富绅拿出自己抄录的部分书稿，指着里面的一些内容说：“你看，你在书中花了很多篇幅谩骂方士，语言尖锐，这很不好啊，会出乱子的！”

富绅这么说是有原因的。明穆宗在位时曾严厉打击方士，但现在是明神宗在位，明神宗沉湎酒色，不理朝政，致使国事荒废，炼丹活动也随之死灰复燃，方士们又开始猖獗起来。李时珍明白富绅所说的意思，但他没有挑明，故意问道："那你认为哪些地方需要删改呢？"

富绅将书稿翻到某一页，指着上面的一段文字说："你看这里，你说武当山上的榔梅跟桃子、李子差不多，这就不对了，榔梅可是仙果啊。"

"我去过武当山，也尝过榔梅，它只是普通的果子，只能生津止渴而已，书稿中的内容不过是实话实说而已。"李时珍语气坚定地说。

"那这个呢？"富绅又指着另一页说，"旧本草书都说水银无毒，久服能成仙、长生。但你在书中却说'方士谬言，不足信''异端之说也'，甚至用了'邪说''欺世之谈''谬论'等尖刻的语言。你这样诋毁道家仙说，还想把书刻印出来，怎么可能呢？如果你同意在刻印时删减这些内容，我就出钱……"

李时珍听到这里，再也忍不住了，打断富绅说："作为一个医生，我只是遵照事实来写书，纠正旧本草书中的错误，让人们不再受到误导。你现在要我删减这些内容，那不等于要我出卖良知吗？恕我无法做到。”

“你写《本草纲目》花了那么长时间，如果不能刻印出来，岂不是太可惜了吗？”富绅不死心地劝说道，“删除了这些内容，你这部书稿就可以名正言顺地出版了，你还是好好考虑一下吧。”

李时珍毫不犹豫地说：“这件事没有商量的余地，你请回吧。”

富绅碰了钉子，只得灰溜溜地走了。

出书之事迟迟没有着落，李时珍既失望又无奈，他想：自己和家人、徒弟花费无数心血修订成的医学书稿，难道就这样积压在家中，不能公诸于世，为百姓造福吗？就在李时珍失望迷茫之际，有人给他出了一个主意，让他去请当时在社会上颇有影响力的文人王世贞给书稿写篇序言，或许事情会有转机。

王世贞是南直隶苏州府太仓州（今江苏省太仓市）人，嘉靖年间进士，历任刑部员外郎、青州兵部副使、刑部尚书、湖广按察使。他在诗文、书法、鉴藏等方面成就极高，与李攀龙、徐中行、梁有誉、宗臣、谢榛、吴国伦合称“后七子”，一度独领明代文坛 20 年。

当时，很多文人墨客为了得到王世贞片言只语的推荐，想尽各种方法，甚至不惜花费重金，请求王世贞给自己的著述作序。王世贞应邀为他人著述而作的序文多达 319 篇，而这些著述得到王世贞的推荐后，确实声名鹊起，阅读者甚众。

李时珍也久闻王世贞大名，他想：请王世贞给《本草纲目》写篇序言，确实可以提高《本草纲目》的名气，那样的话，也许会有书商愿意刻印，但是自己和王世贞并没有什么交情，贸然上门请其作序，王世贞会答应吗？

经过一番思考，万历八年（1580 年）九月，63 岁的李时珍不顾年高体弱，背着满满一袋书稿，从蕲州乘船沿江东下，直奔江苏太仓直塘（位于江苏省太仓市沙溪镇）的弇山园，拜见王世贞。

李时珍把书稿交给王世贞，向他讲述了自己写书的意图和经历，以及成书后无法出版的苦衷，恳请王世贞为书稿作序。王世贞担任过湖广按察使，以前多少听过李时珍的大名，他看着眼前这位身材枯瘦、面容憔悴的老人，深为感动，同意认真拜读书稿，并留李时珍在自己家中小住几天。

两人秉烛长谈，从天文地理到声律农圃，从文学诗作到各地山川的壮丽景色，谈得甚为投机。李时珍身为医生，知识却如此广博，令王世贞十分钦佩。

出乎李时珍意料的是，王世贞罢官后也迷上了仙道，此时正在研究道家养生成仙的法术，拜女道士昙阳子为师。

当王世贞看到《本草纲目》中批驳道士炼丹的内容时，心里略有不快。当时昙阳子号称要羽化飞仙，王世贞信以为真，便将此事告诉李时珍，想知道李时珍对这件事的看法。

李时珍听后，大笑着说："这是不可能的事情，人死如灯灭，人的一切活动都是由大脑支配，气血既然停止运行，大脑的活动自然也停止，身体也会随之腐烂。所谓的羽化飞仙，不过是道士们为了蛊惑信徒而捏造出来的。这也是活人的一种自我安慰，是为了解除失去亲人给自己带来的痛苦。"

李时珍的直言坦率和独特见解，给王世贞留下了深刻的印象。但作为一代大儒，王世贞在治学上是非常严谨的，所以直到李时珍告辞回家，他也没有给《本草纲目》作序，理由之一是他认为这部书稿的内容还不够精细，希望李时珍能再详细整理校对。他还写了一首诗送给李时珍，自称是"戏赠"。诗云：

李叟维肖直塘树，便睹仙真跨龙去。
却出青囊肘后书，似求玄晏先生序。
华阳真隐临欲仙，误注本草迟十年。
何如但附贤郎舄，羊角横抟上九天。

诗的大意是：骨瘦如柴的李老头，就像直塘镇上的枯树一般，好像快要成仙，就要跨龙飞去，但他却还写出《本草纲目》来求我作序。当年华阳隐居（陶弘景）快要得道成仙的时候，就是因为注解《神农本草经》而耽误了10年。如果你早些将修本草书的重任交给你的儿子，岂不是可以和我的先师一起进入仙境了吗？

对于王世贞提出的理由，李时珍无法反驳，只得带着书稿回去继续修改，进行完善。这一耽搁又是10年。

其间，除了修改《本草纲目》，李时珍继续给人问诊治病，并且写了一些新的医学著作，如《濒湖医案》《命门考》《李时珍濒湖集简方》等。他甚至写了一些诗歌，收录在《薖所馆诗集》里。

积劳成疾辞人世

万历十八年（1590 年）正月，李时珍让长子李建中带着书稿，再次到太仓直塘拜访王世贞，请他为书稿作序。此时王世贞正担任南京刑部尚书。

这一次李时珍终于如愿以偿，王世贞为《本草纲目》写了一篇文采飞扬的序言。在序言中，王世贞对《本草纲目》作出很高的评价，说一打开《本草纲目》，便“如入金谷之园，种色夺目；如登龙君之宫，宝藏悉陈；如对冰壶之鉴，毛发可指数也。博而不繁，详而有要，综核究竟，直窥渊海。兹岂禁以医书观哉！实性理之精微，格物之通典，帝王之秘箓，臣民之重宝也。”

他还将李时珍的形象描绘了一番，说他个子瘦高，精神饱满，言语不凡，可称“北斗以南一人”，意思是天下少有的奇才。

有了王世贞写的序言，再加上一些朋友的帮助，《本草纲目》的刻印终于有了结果。南京藏书家、刻书家胡承龙读了《本草纲目》后，认为它价值连城，是一本不可多得的好书，应该流传于世，造福苍生，所以愿意出钱刻印。

消息传来时，李时珍因为劳累过度身体患病，正卧病在床。听说有人愿意刻印《本草纲目》，他十分高兴，挣扎着从床上坐起来，让儿子李建元取来《本草纲目》书稿，将稿件从头到尾又仔细地校读了一遍。

但是，出书的周期太长了，胡承龙表示至少需要四五年的时间才能将书稿刻印出来，李时珍安慰他说："只要能刻印，不说四五年，就是多几年也无妨。"

可惜的是，李时珍等不到书稿刻印成书的那一天了。这时，他已经73岁了，身体日渐衰弱，年轻时得骨蒸病落下的后遗症不时发作，他胸口疼痛、咳嗽不止、浑身乏力，到万历二十年（1592年），终于一病不起，久卧床上。他的几个儿子、徒弟想尽各种方法给他治疗，但他的病情仍不见好转。

到万历二十一年（1593年）春夏之交，李时珍的病情继续加重。他躺在病床上，仍念念不忘《本草纲目》的刻印工作。他拖着病体，给朝廷写了一份遗表，倾诉自己编写《本草纲目》的意图，希望朝廷"或准行礼部转发史馆采择，或行太医院重修”，以便让更多的人读到这本书。遗表的结尾写道：“……治身以治天下，书当与日月争光；寿国以寿万民，臣不与草木同朽……”

这年初秋，李时珍永远地合上了眼睛，享年 76 岁。他最终未能看到自己终身为之呕心沥血的巨著印行面世，带着遗憾离开了人世。临终前，他嘱咐儿子们说：“你们要争取让《本草纲目》早日问世，并让它广泛流传，造福天下百姓。如此，我死也瞑目了！”

此时，李时珍的妻子吴氏已经早于李时珍数年去世了。李时珍去世后，家人将他和他的妻子吴氏合葬于蕲州东门外雨湖南岸竹林湖村的蟹子地，墓地与李时珍的诞生地瓦屑坝村隔湖相望，墓地的左边是李时珍的父亲李言闻与母亲张氏的合墓。

李时珍出殡当天，蕲州老百姓怀着崇敬的心情，纷纷赶来送李时珍最后一程，场面十分壮观。直至今天，每年的清明节，蕲州远近的中医都会到李时珍的墓地前祭奠，一些前来祭拜的老百姓还会把墓旁的青草带回家，以消除灾祸，祛除疾病。

万历二十四年（1596 年），也就是李时珍逝世后第三年，

《本草纲目》终于得以刻印出版，史称“金陵版”，被称为《本草纲目》的祖本。

万历二十四年（1596年）十一月，李建元遵照父亲让《本草纲目》为更多人服务的遗愿，将书献给朝廷。但明神宗只批复了7个字：“书留览，礼部知道。”然后就把书搁置一边，没了下文。

但是，是金子总会发光，《本草纲目》首次刊行后不久，便以其包罗万象的内容、丰富全面的药物、科学准确的注释、真实精美的插图受到世人的关注，一时间洛阳纸贵，供不应求，随后被翻印、翻刻成多种版本，在社会上广为流传。

万历三十一年（1603年），《本草纲目》首先在江西翻刻，接着又出现了湖北版、杭州版、张绍棠版等30多种刻本。时隔4年，万历三十五年（1607年），《本草纲目》传到日本，在日本医学界引起轰动，进而引发了一场翻印《本草纲目》的热潮。不久，《本草纲目》被传到东南亚、欧洲等地，先后被翻译成朝、法、德、英、俄等几十种文字。李时珍也因此享誉海内外，被后人尊奉为“药圣”。

英国生物学家、进化论奠基者达尔文在编写《物种起源》时，还借鉴了《本草纲目》的研究成果，并称其为“中国古代百科全书”。

英国著名科学技术史学家李约瑟高度评价李时珍的《本草纲目》：“明朝最伟大的科学成就是李时珍的《本草纲目》。”

1951 年，在维也纳举行的世界和平理事会上，李时珍被列为“世界文化名人”。

2011 年，《本草纲目》（1593 年金陵版）入选联合国教科文组织《世界记忆遗产名录》。

李时珍一生心系医学，关心天下百姓疾苦，以勤奋刻苦的学习精神，掌握了广博的医学知识、精湛的医疗技术，治愈了无数人的疾病；他不慕名利，踏遍千山万水，历经千辛万苦，著成《本草纲目》这部中国医学史上具有里程碑意义的医学巨著，将中国的药物学水平提高到了一个前所未有的高度。李时珍对人类的贡献是巨大的，他也因此深受世人的尊敬，后人曾赞誉他：“半生医人人未冷，一部药书救万民。”

中华人民共和国成立后，国家为了纪念这位伟大的医药学家，在蕲州城东南面风景秀丽的雨湖之滨修建了一座李时珍陵园。陵园里除了李时珍的墓地，还有纪念馆、医史文献馆和药物园。

纪念馆里珍藏了大量药物标本；医史文献馆则保存着李时珍编修的各类医学书籍以及相关文献；药物园中有百草园和药物长廊，介绍了各类植物药材。

李时珍墓园的荷花池前，巍然耸立着一座高大的四柱三门式青石牌坊，牌坊上有“医中之圣”4个大字，碑上刻着郭沫若的题词：

医中之圣，集中国药学之大成，本草纲目乃一八九二种药物说明，广罗博采，曾费三十年之殚精。造福生民，使多少人延年活命！伟哉夫子，将随民族生命永生。

这是对李时珍非凡一生的精彩概括，也是对李时珍辉煌成就的崇高评价。

李时珍倾毕生精力著成《本草纲目》，功在当代，利在千秋。李时珍虽然离开了人世，但他的事迹仍在百姓之中口口相传；他身背药箱、悬壶济世、治病救人，手持药锄、攀山越岭、遍尝百草的形象至今还在人们心中栩栩如生。

李时珍的名字和他的《本草纲目》及不朽业绩，将永远载入史册，万古流芳。李时珍舍身忘我、济世救人的高尚品德，实事求是、严谨认真的治学态度，披荆斩棘、勇于创新的科研精神，将永远散发出耀眼的光芒。

历史知识小贴士

朱熹

朱熹（1130—1200年），南宋著名哲学家、教育家、诗人，南剑州尤溪（今福建省尤溪县）人。出生时右眼角长有7颗黑痣，排列如北斗七星形状。

朱熹幼年丧父，随母定居崇安（今福建省武夷山），自幼聪明过人，5岁时能读懂《孝经》。绍兴十八年（1148年）进士及第，曾任江西南康、福建漳州知府及浙东巡抚，一生历仕高宗、孝宗、光宗、宁宗4朝，曾担任过宁宗的老师。

朱熹是宋代理学的集大成者，他继承了北宋程颢、程颐的理学学说，同时吸收、糅合周敦颐的太极说，张载的气本论以及佛教、道教的思想，建立了一种独特、庞大的理学体系。朱熹的理学体系与“二程”的理学学说合称为“程朱理学”，其思想对元、明、清3朝影响很大，成为三朝官方哲学。

朱熹学识渊博，热心教育事业，一生孜孜不倦地授徒讲学，门下弟子如云，其中很多人在社会上取得了不凡的成就。《四书章句集注》受到历代统治者的重视，被奉为圭臬，成为官定教科书和科举考试的标准。

后七子

“后七子”是明朝嘉靖、隆庆年间（1522—1572年）出现的文学流派，成员有李攀龙、王世贞、宗臣、梁有誉、谢榛、徐中行、吴国伦。前期以李攀龙为领袖，李攀龙去世后，王世贞主领文坛近20年。

“后七子”继承“前七子”的文学主张，强调文必秦汉，诗必盛唐，继续提倡复古，他们主张作文写诗要讲求格调，讲究法度，并且互相标榜，自立门户，广收学徒，从而掀起了一场声势浩大的文学复古运动。“后七子”在文坛上活跃的时间长于“前七子”。

“后七子”过分注重复古，一味强调效法古人的文学创作风格，忽视了个性、情感的自由表现和文学表现手法、写作风格的创新，严重束缚了文人士子的思想。他们试图通过复古来突破当时文学的困境，但又陷入复古的堕坑落堑，对当时的文坛产生了一定的负面影响。

附录

李时珍生平简表

◎ 正德十三年五月二十六日（1518 年 7 月 3 日），生于湖北黄州府蕲州（今湖北省蕲春县蕲州镇）。

◎ 嘉靖十年（1531 年），14 岁，在父亲的陪同下到黄州府应试，考中秀才。

◎ 嘉靖十三年（1534 年），17 岁，第一次到省城武昌参加录取举人的乡试，未中。

◎ 嘉靖十六年（1537 年），20 岁，第二次赴武昌参加乡试，未中。同年与吴氏结婚。

◎ 嘉靖十七年（1538 年），21 岁，得骨蒸病，卧床不起，险些丧命。后用中药黄芩治愈，深感中药之神奇。

◎ 嘉靖十九年（1540 年），23 岁，第三次赴武昌参加乡试，仍然名落孙山，深受打击，决定随父学医。

◎ 嘉靖二十年（1541 年），24 岁，随父学医，在蕲州玄妙观为民众治病，并刻苦研读医书。

◎ 嘉靖二十四年（1545 年），28 岁，蕲州连发旱灾、水灾，瘟疫流行，与父亲发扬高尚医德，奋战在抗疫第一线，为百姓治病。

◎ 嘉靖二十五年（1546 年），29 岁，因大量赊药，家里生活困难，独自到湖口行医。

◎ 嘉靖三十年（1551 年），34 岁，因治好蕲州富顺王朱厚焜世子的病而医名大显。

◎ 嘉靖三十三年（1554 年），37 岁，完成第一部药学专著《蕲蛇传》。

◎ 嘉靖三十四年（1555 年），38 岁，被武昌的楚王朱英㷿聘为王府的奉祠正，兼管良医所事务。

◎ 嘉靖三十八年（1559 年），42 岁，被推荐到京城太医院任职，得以出入御药库、寿药房，见识了许多珍贵药物。

◉ 嘉靖三十九年（1560 年），43 岁，托病辞职回乡。

◉ 嘉靖四十年（1561 年），44 岁，在雨湖北岸红花园建新居，取名“薖所馆”，自号濒湖山人。完成了《濒湖医案》《三焦客难》《命门考》《五藏图论》等医学专著。

◉ 嘉靖四十三年（1564 年），47 岁，写成《濒湖脉学》《奇经八脉考》《脉诀考证》等医学专著。同年，长子李建中考中举人，父亲李言闻逝世。

◉ 嘉靖四十四年（1565 年），48 岁，外出采集药物，弟子庞宪、次子李建元随行，足迹遍及湖北、湖南、江西、安徽、江苏等地，亲自采摘品尝药物，制作标本，为编写《本草纲目》积累了大量资料。

◉ 隆庆三年（1569 年），52 岁，编写完《濒湖集简方》。

◉ 万历六年（1578 年），61 岁，完成《本草纲目》初稿。编写过程中三易其稿，历时 27 年。

◉ 万历七年（1579 年），62 岁，到黄州、武昌等地联系《本草纲目》刻印之事，没有结果。经长子李建中请封，被明神宗敕封为文林郎。

◉ 万历八年（1580 年），63 岁，拜访文坛领袖王世贞，请他为《本草纲目》作序。

◉ 万历十八年（1590年），王世贞为《本草纲目》作序，随后，南京藏书家、刻书家胡承龙决定出资刻印《本草纲目》。

◉ 万历二十一年（1593年），76岁，因病去世，葬于蕲州城东门外雨湖南岸的竹林湖村。

◉ 万历二十四年（1596年），《本草纲目》在金陵（今南京市）正式刊行。同年，李时珍次子李建元向朝廷献书。

给孩子读的中国先贤故事：老子

给孩子读的中国先贤故事：孔子

给孩子读的中国先贤故事：商鞅

给孩子读的中国先贤故事：霍去病

给孩子读的中国先贤故事：张衡

给孩子读的中国先贤故事：张仲景

给孩子读的中国先贤故事：李白

给孩子读的中国先贤故事：苏轼

给孩子读的中国先贤故事：李清照

给孩子读的中国先贤故事：李时珍

给孩子读的中国先贤故事：张居正

给孩子读的中国先贤故事：徐霞客

责任编辑：于丽慧

稿件统筹：陈荣赋

封面设计：VIOLET Q1152979738

李时珍出身医学世家，三次乡试未中后，热爱医学的他随父学医，成为悬壶济世的医者。而立之年，他凭精湛医术被召入京任太医。目睹太医院医官们趋炎附势的行径，他坚守正道，一年后毅然辞官返乡。此后，他深入民间采药行医，潜心研究，笔耕二十七载，终于著成流芳千古的《本草纲目》。

本书沿着李时珍的人生轨迹，讲述他从铃医到药圣的成长故事，剖析其精湛的医术和著述的决心，展现其医者仁心与淡泊名利的风骨。他以非凡成就，获“药圣”尊称，受世人敬仰。

上架建议：文学|传记

ISBN 978-7-5555-2003-0

9 787555 520030 >

定价：42.00元